MARCO POLO

AMRUM · FÖHR

PELLWORM · NORDSTRAND · HALLIGEN

Reiseführer mit Insider-Tips

Fünf Symbole sollen Ihnen
die Orientierung in diesem Führer erleichtern:

★
für Marco Polo Tips – die besten in jeder Kategorie

für alle Objekte, bei denen Sie auch eine schöne Aussicht haben

für Plätze, wo Sie bestimmt viele Einheimische treffen

für Treffpunkte für junge Leute

(A1)
Koordinaten für die Übersichtskarte

Diesen Führer schrieb Barbara Dobrick.
Sie ist Journalistin, lebt in Burg/Dithmarschen
und kennt die Nordfriesischen Inseln seit ihrer Kindheit.
Die Marco Polo Reihe wird herausgegeben
von Ferdinand Ranft.

MAIRS GEOGRAPHISCHER VERLAG

Unsere Autoren haben nach bestem Wissen recherchiert. Trotzdem schleichen sich manchmal Fehler ein, für die der Verlag keine Haftung übernehmen kann.

Titelbild: Leuchtturm und Reetdachhaus auf Pellworm (Schuster/Meier)

Fotos: Amberg (48); Dobrick (24, 60); Heinze (6, 10, 20, 39, 64, 66, 80); Helga Lade: BAV (56), Girke (30), Reupert (12, 29, 44, 50, 70); Schapowalow: Pratt-Pries (8, 14, 74, 83, 86); Sperber (26, 43); Strobel (Umschlagklappe vorn, 4, 62, 69); Transglobe: Bäsemann (34), Nordlicht/Kant (19), Kuhn (17), Wallocha (76, 96)

Gestaltung: Thienhaus/Wippermann (Büro Hamburg)
Kartographie: Mairs Geographischer Verlag

Printed in Germany

Gedruckt auf 100% chlorfrei gebleichtem Papier

INHALT

Entdecken Sie die Nordfriesischen Inseln und Halligen!

Eine stürmische und heroische Geschichte formte Inseln und Bewohner

Glühender Lokalpatriotismus ist nicht nur bei den Insulanern, sondern auch bei den Touristen zu finden. Viele schwören auf *ihre* Insel und werden ihr höchstens einen Tagesausflug lang untreu. Amrumfans begeistern sich jedes Jahr aufs neue über die Einmaligkeit von Dünen und Kniepsand und halten Sylt für viel zu voll und abgehoben und die übrigen Inseln und Halligen für langweilig. Und wer jedes Jahr über die schöne grüne Insel Föhr spaziert oder radelt, hat nur ein mildes Lächeln übrig für die dünenbesessenen Amrum- und Syltfahrer. Halligurlauber wiederum können sich nichts erholsameres vorstellen als Abgeschiedenheit und Ruhe. Kurzum, Bewohner und Besucher sind sich einig: Ihre Insel, ihre Hallig ist der schönste Fleck in der Nordsee.

Es sind Individualisten, die hier leben und Urlaub machen. Man kommt wegen der guten Luft, dem Naturereignis Nordsee mit Ebbe und Flut, der Ruhe und ist eher froh über das fehlende oder bescheidene Angebot an abendlicher Unterhaltung oder gar nächtlichen Amüsements. Spaziergänge am Strand oder auf dem Deich, barfuß durch das riffelige Watt, Tage im Strandkorb, erfrischendes Baden im Hochsommer, Muschelnsammeln – wer die Nordsee mit ihren vielen Gesichtern liebt, ist im Urlaub vollauf mit ihr beschäftigt.

Auch in kalter Jahreszeit Höhepunkt eines Nordseeurlaubs: Wattwanderung

Einmalig ist die geologische Geschichte der Nordseeinseln und Halligen. Ihre heutige Form ist erst vor rund 500 Jahren entstanden. Und die Nordsee, die mächtige Baumeisterin, arbeitet weiter. Überall verändern sich Wattenmeer und Inseln beständig, wenn auch weniger rasch sichtbar. Jedes Jahr müssen die Pricken, meist junge Birken, die die Ströme durchs Watt für die Schiffe markieren, neu gesetzt werden.

Die Geest von Amrum, Föhr und Sylt bildeten Gletscher, die vor 150 000 bis 250 000 Jahren in

Hallig Hooge, im Sommer wird das Eiland zur Touristenattraktion

der Eiszeit Sand und Gestein vor sich her schoben. Die Geestrücken sind so hoch, daß sie auch beim deutlichen Anstieg des Meeresspiegels in der der Eiszeit folgenden Wärmeperiode und bei Sturmfluten nicht überspült wurden. Sylt, Föhr und Amrum wurden erst etwa um 1000 v. Chr. durch den angestiegenen Meeresspiegel zu Inseln. Ein erneuter Anstieg von zwei Metern um Christi Geburt ließen Marsch und Moor im heutigen Wattenmeer unwiderruflich untergehen und trennten die Inseln endgültig vom Festland.

Nordstrand, Pellworm, Nordstrandischmoor und die Hamburger Hallig waren bis zur entsetzlichen Marcellusflut am 16. Januar 1362 Teil des Festlandes. Die *Manndränke* genannte mörderische Flut riß Tausende Menschen und Tiere in den Tod, ließ im Raum Südfall den sagenumwobenen Hauptort der Edomsharde Rungholt untergehen und Inseln entstehen. Pellworm gehörte nach dieser Flut zu der hufeisenförmigen Insel Strand, auch Alt-Nordstrand genannt. In der Nacht vom 11. zum 12. Oktober 1634 verschlang die Burchardiflut große Teile von Strand. Zwei Drittel der ohnehin durch Pest und Auswirkungen des 30jährigen Krieges geschwächten Bevölkerung ertranken. 6123 Menschen kamen um, 1339 Häuser, 28 Windmühlen und 6 Glockentürme gingen unter. Über großen Teilen des untergegangenen Landes bildete sich Watt, in dem bei Ebbe immer noch Spuren früherer Besiedlung zu finden sind. Ungefähr dort, wo heute die Hallig Südfall liegt, lag vor der Flut von 1362 das sagenumwobene Rungholt, vermutlich wirtschaftliches Zentrum der damaligen Region.

Vor allem die Geschichte Nordstrands und Pellworms ist die Geschichte eines heroischen und immer wieder verlorenen Kampfes gegen die Nordsee. Über Jahrhunderte waren Hab und Gut, Land und Leben vom Wasser bedroht. Wer eigenes Land besaß, war deichpflichtig, das hieß, wer die seinem Besitz entsprechenden Arbeiten und Abgaben für den Deichbau nicht erbrachte, wurde enteignet. Auch die vielen, vielen Sturmfluten, die nur schwere Schäden an den Deichen verursachten, stürzten die Bevölkerung immer wieder in schlimme Not. Viele mußten Haus und Hof verlassen, weil sie die Lasten für den Deicherhalt nicht tragen konnten. Erst seit Ende des letzten Jahrhunderts sind Deichbau und Ufersicherung staatliche Aufgaben.

Zu Landverlusten mit gefährlichen Konsequenzen trug die Inselbevölkerung eine Zeitlang selber bei. Vom 11. bis 18. Jahrhundert wurden Torfschichten im Watt abgetragen und zur Salzgewinnung verbrannt. Der Bedarf an Salz war damals groß, war es doch das einzige Mittel zur Konservierung. Die Salzsieder waren zum Teil wohlhabende Leute, gruben sich und ihren Nachkommen aber im wahrsten Sinne des Wortes ein Grab. Die Landverluste begünstigten nämlich schlimme Schäden durch den stetig steigenden Meeresspiegel und die mörderischen Sturmfluten. Große Teile Nordstrands und Pellworms liegen unterhalb des Meeresspiegels und wären ohne Deiche verloren. Die Inselfriesen hatten allerdings von jeher nur wenige Möglichkeiten, ihren Lebensunterhalt zu verdienen. Ackerbau und Viehzucht waren auf den unfruchtbaren Geestböden und den immer wieder vom Salzwasser überschwemmten Marschen bis zur sicheren Eindeichung nur wenig ertragreich. Die Salzsiederei bot dazu eine lebensnotwendige Alternative bis sich das weiße und im Gegensatz zum Nordseesalz nicht bittere Salinensalz aus Lüneburg durchsetzte.

Im 17. Jahrhundert eröffnete sich eine neue Erwerbsquelle, der Walfang. Die Holländer schickten Schiffe ins nördliche Eismeer zum Robben- und Walfang, und ihre Besatzungen kamen von den Nordfriesischen Inseln und Halligen. Selbst elf- und zwölfjährige Jungen und alte Männer sind mit auf die gefährlichen Fahrten gegangen. Die Grönlandfahrer, wie sie genannt wurden, weil man das Zielgebiet Spitzbergen lange für einen Teil Grönlands hielt, bestimmten die jüngere Geschichte ihrer Heimat. Als gute Seefahrer und geschickte Harpuniere brachten sie so reichen Lohn zurück, daß diese Epoche auch das »Goldene Zeitalter« genannt wird. Allerdings kamen viele der Männer ums Leben, gingen bei Sturm mit den leichten Schmackschiffen unter, mit denen sie im Frühjahr von Zuhause zu den großen Häfen aufbrachen oder im Herbst von dort zurückkehrten, oder sie verunglückten beim Walfang. Auch die Handelsseefahrt, die die Insulaner anschließend mit Erfolg betrieben, war lebensgefährlich. Was Schiffsuntergänge, Piraten und Tropenkrankheiten anrichteten, ist von manchen alten Grabsteinen auf den Inselfriedhöfen abzulesen.

Die Schiffsreisen in alle Welt machten aus den bis dahin so abgeschieden lebenden Inselfriesen ein weltoffenes und zeitweise auch wohlhabendes Völkchen. Allerlei Schätze und fremde Gewohnheiten brachten sie mit nach Hause. Die enge Verbundenheit der Seefahrer mit den Holländern hat die deutlichsten Spuren hinterlassen, zu sehen noch heute an den Friesenhäusern mit ihren blauen Fliesen.

Als die bis dahin großenteils dänischen Inseln 1864 nach dem deutsch-dänischen Krieg sämtlich zum Deutschen Reich gehörten, wanderten viele Inselfriesen nach Amerika aus. Zum einen, weil das alte Privileg für friesische Seefahrer, nicht Soldaten werden zu müssen, aufgehoben worden war, zum anderen, weil durch neue Gesetze die Möglichkeiten erheblich eingeschränkt wurden, ein Seemannspatent zu erwerben.

Schon zu Beginn des 19. Jahrhunderts waren die erfolgsgewohnten Friesen in wirtschaftliche Not geraten, nachdem der Walfang für sie durch englische Konkurrenz nicht mehr möglich war und die Handelsschiffahrt durch die napoleonischen Kriege und den englisch-dänischen Krieg endgültig zum Erliegen kam. 1811 schrieb ein Unbekannter nach einer Föhr-Reise: »... wovon viele in Wyck leben, verstehe ich nicht so ganz. Der Flecken steckt überdies in Schulden, die nicht klein sind, die, wenn sie nicht erlassen, und mit Strenge beigetrieben werden sollten, den Untergang des Orts zur Folge haben könnten.«

In der zweiten Hälfte des 19. Jahrhunderts zogen mehr als die Hälfte mancher Jahrgänge fort aus der Armut zu Hause in die vielversprechende Neue Welt. Und bis heute gibt es einen regen Austausch zwischen den Insel- und Buten-Friesen, denen draußen, in den USA. Dort leben vermutlich sogar mehr Föhrer und Amrumer als hierzulande. Da stets mehr junge Männer als Frauen auswanderten, gab es lebhafte Bemühungen, den Auswanderern doch noch eine Ehefrau aus der Heimat zu vermitteln. In der Zeitung »Insel-Bote« stand im September 1884 zu lesen: »Junge Mädchen, welche Lust haben, unter günstigen Bedingungen nach Amerika auszuwandern, wollen sich melden bei

Sturmflutmarkierung an der Kirche von Hallig Langeneß

Geschichtstabelle

um 3000 v. Chr.
Erste menschliche Spuren auf den Nordfriesischen Inseln, vermutlich Beginn durchgängiger Besiedlung

um Christi Geburt
Die Dünkirchen-Transgression läßt den Meeresspiegel um etwa 2 m steigen. Marschen und Moore im heutigen Wattenmeer werden überflutet

8.–10. Jh.
Friesen, aus dem Westen kommend, lassen sich auf den Inseln nieder und Wikinger, aus dem Norden kommend, besetzen die Inseln

8.–11. Jh.
Salzsiederei wird wichtiger Erwerbszweig

1231
Erste urkundliche Erwähnung Föhrs und Amrums im »Erdbuch« des dänischen Königs Waldemar II., zu dessen Königreich die Inseln gehörten

1362
Marcellusflut, Große Manndränke genannt. Die Sturmflut kostet 100 000 Menschen an der Nordseeküste und auf den Inseln das Leben

1396
Osterland-Föhr wird Teil des Herzogtums Schleswig

1426
In der St.-Nikolai-Kirche auf Föhr beschließen die Friesen die Siebenhardenbeliebung und geben sich so erstmals geschriebene Gesetze

1522
Beginn der Reformation

Oktober 1634
Bei der Burchardiflut ertrinken etwa 9000 Menschen. Zwei Drittel der Insel Strand gehen unter. Übrig bleiben Nordstrand, Pellworm und einige Halligen

17. Jh.
Die »goldene Zeit« des Walfangs beginnt

18. Jh.
In der zweiten Hälfte heuern zahlreiche Friesen in der Handelsschiffahrt an

Ab 1792
Genossenschaftlich genutztes Land wird Privateigentum

1819
Wyk wird Seebad

1864
Krieg zwischen Preußen/Österreich und Dänemark. Die Nordfriesischen Inseln werden preußisch

1946
Gründung des Landes Schleswig-Holstein

Februar 1962
Eine Sturmflut richtet auf Inseln und Halligen schwere Sachschäden an

1992
Pellworm bekommt tideunabhängigen Fähranleger

Quermarkenfeuer südwestlich von Norddorf auf Amrum

Bahne Sönnigsen in Oevenum.« Manche Föhrer machten aber auch die weite Reise zurück in die Heimat, um bei einer der eigens dafür organisierten Tanzveranstaltungen, den *Amerikaner-Bällen,* eine Braut zu finden.

Mit dem Ende der Seefahrt wurden Ackerbau und Viehzucht zum Lebensunterhalt. Auch heute, nachdem viele Ställe in Wohnungen umgebaut worden sind – »Kuh raus, Kurgast rein«, wie man augenzwinkernd murmelt –, spielt die Landwirtschaft auf Föhr, Nordstrand und Pellworm immer noch eine wichtige Rolle, vor allem die Viehzucht. Große Schafherden grasen auf den Salzwiesen und Deichen und erfüllen ganz nebenbei eine wichtige Funktion im Inselschutz, indem sie die Deiche schön festtreten und das Gras auf ihnen niedrighalten. Die so rührend wirkenden Lämmer sind außerdem im Frühjahr eine besondere Attraktion für die Touristen.

Der Fischfang war, anders als sich vermuten ließe, nie von großer Bedeutung. Auch heute stammen die Krabbenkutter in den Häfen meist aus Büsum.

Was einst die Fremdenzimmer waren, sind heute Ferienwohnungen und -häuser. Der überwiegende Teil der Urlauber zieht diese unabhängige Art der Unterbringung vor. Das Angebot reicht von einfachen Wohnungen bis zu luxuriösen Häusern. Die meisten sind vor allem zweckmäßig für Familien eingerichtet. Einzelne Zimmer werden immer seltener angeboten. Diese Art Unterkünfte wurden inzwischen überwiegend zu Ferienwohnungen umgebaut.

Hotels und Pensionen gibt es vergleichsweise wenige, und manche wirken mit Bad und Toilette auf dem Flur eher wie Relikte aus touristischen Vorzeiten.

Die Entwicklung zu Badeorten verlief auf den Nordfriesischen Inseln sehr unterschiedlich. Zunächst waren es Schriftsteller und Maler, die fasziniert waren von der Nordsee und ihrer Inselwelt. Dann propagierten Ärzte die gesundheitlichen Vorzüge der Region. Allerdings hatten sie es lange Zeit schwer, die prüden Viktorianer ins Seebad zu locken, zumal die Verkehrsverbindungen im letzten Jahrhundert eine Reise auf die Inseln zu einer strapaziösen Angelegenheit von mehreren Tagen machten. Zu den begeisterten Künstlern und vernünftigen Ärzten gesellten sich bald Leute mit Erwerbssinn, die sich gute Einnahmen vom Geschäft mit Badegästen erhofften. In Wyk entstand 1819 das erste Badehaus. In der ersten Saison kamen 61 Gäste, die 484 Bäder nahmen. Als dann der dänische König Christian VIII. Mitte des 19. Jahrhunderts mehrmals in die Sommerfrische nach Wyk reiste, gab das dem neuen Erwerbszweig enormen Auftrieb. Das Seebad war damit gesellschaftlich anerkannt, und Stimmen, die noch kurz zuvor äußerten, »Selten wird es einem Gesunden einfallen, bloß des Vergnügens willen ein Seebad zu besuchen«, verstummten. Es dauerte lange, bis das Seebad Wyk Konkurrenz bekam. Die Dünenlandschaft von Amrum und Sylt, die heute so viele anzieht, galt damals als zu unwirtlich, als »öde und unfruchtbar, wie der glühende Sand der Sahara«.

Trotzdem wurde 1855 auch in Westerland auf Sylt ein Bad eingerichtet. Und 1900 klingt die Werbung der dortigen Seebade-Direction bereits ausgesprochen selbstbewußt: »Stärkster Wellenschlag der Westküste. Heilkräftigstes Seebad Deutschlands. Unvergleichlich schöner Strand.«

Zwischen den Inseln und Halligen besteht von April bis Oktober ein reger Ausflugsverkehr, so daß Sie den Wellenschlag auch an anderen Stränden testen und andere Orte kennenlernen können.

Über die größte Nordfriesische Insel finden Sie ausführliche Informationen im Marco Polo Führer »Sylt«.

Badefreuden

Man weiß heute nicht so recht, ob die Angst der ersten Badegäste vor dem Wasser oder vor damals für obszön gehaltenen Situationen größer war. Männer und Frauen wurden strikt getrennt und völlig abgeschirmt, unter dem Verdeck eines Badekarrens, regelrecht zu Wasser gelassen. Schwimmen war eine ganz unbekannte Übung. Die Damen und Herren benetzten sich lediglich mit dem kühlen Naß, um sich danach schleunigst zu trocknen, umzukleiden und wieder an Land ziehen zu lassen. Als zu Anfang unseres Jahrhunderts Familienbäder erlaubt wurden, von denen allerdings unverheiratete Damen und Herren sich fernzuhalten hatten, war das eine kleine Sensation. Die größere war die damit auftauchende Frage der Bademode. Seit es sie gibt, sorgte sie für Skandal, auch zu Zeiten, in denen von einer Dame im Badekostüm genauso wenig zu sehen war wie sonst. Aber immerhin schon 1907 wurde der erste zweiteilige Damenbadeanzug kreiert. Allerdings trat er erst in den 40er Jahren als Bikini von Amerika aus seinen Siegeszug an fast alle Strände der Welt an.

Von Bürgersinn bis Wattenmeer

Reetgedeckte Häuser, seltene Vögel und Pflanzen und eine eigene Sprache finden Sie hier

Bürgersinn
Auf den Inseln und Halligen können Sie die Bekanntschaft von Menschen machen, die das Vorurteil widerlegen, die schroffe Nordsee brächte vor allem schroffe Anrainer hervor. Daß man hier oben nicht gern überflüssige Worte macht, ist ja nichts Schlechtes. Aber wenn man spürt, Sie haben ernsthaftes Interesse an Land und Leuten, erzählt man Ihnen gern »dit un dat«. Mir gefällt besonders, mit welcher Gründlichkeit und Leidenschaft sich viele Einheimische für ihre Insel, ihr Dorf einsetzen. Da wird privat geforscht und gesammelt und begeistert darüber berichtet. Kleine Museen entstehen, Vereine, wie der *Öömrang Ferian* werden gegründet, engagiert wird Politik betrieben, die die historischen Strukturen zu schützen und mit den Belangen des Fremdenverkehrs zu versöhnen sucht.

Aus alter Seefahrertradition und eigener Lebenserfahrung sind die Inselfriesen weltoffen. Wen es auf Dauer hierher zieht in eine eigene Wohnung, ein eigenes Haus, der kann also mit guter Aufnahme rechnen, wenn er sich an die Spielregeln guter Nachbarschaft hält. Aber Spannungen gibt es doch. Vor allem in den letzten Jahren nimmt die Zahl kapitalkräftiger Festländer zu, die auf den Inseln einzig aus ökonomischen Gründen Immobilien erwerben oder bauen. Das treibt die Preise in die Höhe. Man hört bittere Worte darüber, daß die Friesen früher auswanderten, weil sie ihr Brot Zuhause nicht verdienen konnten und heute wegziehen, weil sie sich kein Haus leisten können und erschwingliche Mietwohnungen so gut wie gar nicht zu haben sind. Andererseits bestimmen die Fremden den Standard, denn ihre Häuser und Wohnungen sind oft erheblich schicker eingerichtet und deshalb leichter und auch teurer an Urlauber zu vermieten. Was ist, fragt man sich, wenn einmal wieder schlechtere Zeiten kommen, wenn nicht jeden Sommer mehr Gäste anreisen als im Vorjahr? Manche Insulaner fürchten, daß ihnen dann ihre wichtigste Einnahmequelle versiegt. Andererseits wissen die

Typisches nordfriesisches Reetdachhaus in Nieblum auf Föhr

Einheimischen, daß ohne Geld von außen viele der schönen jahrhundertealten Friesenhäuser längst verfallen wären.

Fauna

Inseln und Halligen in der Nordsee sind ein riesiges Vogelparadies. Ohne Möwen, von der großen Silbermöwe bis zur weißen Lachmöwe mit dem schwarzen Kopf, ist die Nordsee nicht zu denken. Überall werden Sie die charakteristischen lauten Kibiik-Kibiik-Rufe der Austernfischer vernehmen, die mit ihren langen roten Schnäbeln und Beinen leicht zu erkennen sind. Auch der häufige Kiebitz ist mit seiner schmalen Haube leicht zu identifizieren. Zahlreiche Arten von Gänsen und Enten sind anzutreffen, aber auch seltene Arten, Säbelschnäbler, Küstenseeschwalbe, Feldlerche und Wiesenpieper beispielsweise, und einige Greifvögel. Nur auf Amrum brüten regelmäßig 800 bis 1000 Paare der seltenen Eiderenten. Manche Tiere führen ihre Küken vom Nest zum weiter entfernten Watt. So kann es durchaus geschehen, daß Sie nachts aus Ihrem Wagen steigen und ernsthafte Worte mit einigen Enten wechseln müssen, die es sich auf dem noch warmen Asphalt mitten auf der Straße bequem gemacht haben.

Auf den ungestörten Sandbänken im Watt leben Seehunde und Kegelrobben.

Das Wattenmeer und die Salzwiesen der Halligen sind im Frühjahr und Spätsommer begehrter Rastplatz für Millionen von Zugvögeln.

Flora

Die Pflanzenwelt auf den Inseln und Halligen ist durch die so unterschiedlichen Böden denkbar

Ruhe für ein Sonnenbad: Seehundbank zwischen Amrum und Langeneß

vielfältig. Im Watt und auf den gelegentlich vom Meerwasser überfluteten Salzwiesen lassen sich die anspruchslosesten und widerstandsfähigsten Arten finden, Queller, Schlickgras und Strandflieder. Auf den Dünen von Amrum und Sylt gedeihen Strandhafer und -roggen. Und auf den Geest- und Marschböden wachsen u.a. Strand-Grasnelke, Wollgras, Hahnenfuß und Kukkuckslichtnelke. Auch streng geschützter Lungen-Enzian und Stranddistel sind zu finden.

Im Mai leuchten die blühenden Rapsfelder auf Nordstrand und Pellworm.

Die anspruchslosen Kartoffelrosen sind überall in Dörfern und an Straßenrändern zu finden. Auch wenn Biologen über diese sich schnell verbreitende Art schimpfen, die Rosenhecken mit ihren duftenden roten oder weißen Blüten und ihren im Spätsommer leuchtenden Hagebutten sind schön anzusehen.

Friesisch

Woher die Friesen, die im 8. bis 10. Jahrhundert die Inseln besiedelten, genau kamen, ist immer noch unbekannt. Auf jeden Fall war und ist ihre Sprache eine eigenständige und nicht mit dem Platt- oder Niederdeutschen zu verwechseln. Die nächstverwandte Sprache ist Englisch. Obwohl Friesisch eine sehr kleine Sprache ist, gibt es historisch bedingt etwa ein Dutzend Dialekte, die so verschieden sind, daß die Friesen untereinander gelegentlich auf Plattdeutsch ausweichen, um sich untereinander verständigen zu können. Tisch heißt beispielsweise auf Amrum *boosel,* auf Sylt *staal* und auf dem Festland *scheew.* Selbst auf Föhr hat die lange politische Trennung in Westerland- und Osterland-Föhr zu zwei sehr unterschiedlichen Dialekten geführt, zu *Weesdring* und *Aasdring.* Das liegt auch daran, daß Friesisch nie eine Schriftsprache war und sich nirgendwo ein kulturelles Zentrum bilden konnte.

In den letzten Jahren bemüht man sich sehr, die friesische Sprache lebendig zu halten. In Kiel und Flensburg wurden Lehrstühle eingerichtet, und in der schleswig-holsteinischen Landesverfassung wird der Schutz der friesischen Minderheit garantiert. In den Schulen ist Friesisch Unterrichtsfach, in manchen Orten werden Sie friesische Straßennamen finden, und auf Amrum engagiert sich Jens Quedens als Verleger friesischer Texte.

Gezeiten

Etwa zwölfeinhalb Stunden liegen zwischen den höchsten Wasserständen, Hochwasser genannt. Wenn der Meeresspiegel seinen höchsten Punkt erreicht hat, ebbt das Wasser etwa sechseinviertel Stunden bis zum tiefsten Punkt bei Niedrigwasser ab. Das Wattenmeer vor der schleswig-holsteinischen Küste fällt bei Ebbe trocken. Nur die großen Wattenströme führen dann noch Wasser. Der Wechsel zwischen Ebbe und Flut, die Gezeiten, entsteht durch die Massenanziehung von Sonne und Mond. Je nach ihrem Stand zur Erde verstärkt sich ihre Wirkung zur Springflut oder wird zur Nippflut abgeschwächt. Der Höhenunterschied des Wasserspiegels zwischen Hoch- und Niedrigwasser, der Tidenhub, beträgt etwa zweieinhalb Meter.

Grabsteine

Die alten Grabsteine auf den Friedhöfen von Amrum und Föhr sind faszinierende historische Dokumente. Die meist aus Sandstein kunstvoll hergestellten Stelen und Platten erzählen ganze Lebensgeschichten. Um mit dem begrenzten Platz auszukommen, wurden die bildlichen Darstellungen gleichzeitig zu allgemeinverständlichen Zeichen. Schiffe, die die Grabsteine von Seefahrern zieren, wurden aufgetakelt in den Stein gehauen, wenn der Mann in jungen Jahren gestorben war. Ein abgetakeltes Schiff symbolisiert hingegen, daß der Tote alt geworden war.

Stammbäume wurden durch Rosen oder Sonnenblumen für weibliche Nachkommen und Tulpen für männliche dargestellt. Abgeknickte Blumen symbolisieren den Tod. So läßt sich an manchen Gräbern genau erkennen, wieviele Söhne und Töchter jemand hatte und welche den Vater oder die Mutter überlebten.

Klima

Bangemachen gilt nicht: Das Wetter auf den Inseln ist erheblich besser als sein Ruf. Der nahe Golfstrom sorgt dafür, daß die Temperaturen im Winter höher liegen als auf dem Festland. Völlige Windstille ist selten. Deshalb gibt es kaum drückend schwüle Sommertage und selten Dauerregen, aber mehr sonnige Tage als auf dem Festland. Im Juni, Juli und August ist Badesaison, auch wenn manche in den selten mehr als 18 Grad Celsius warmen Fluten mit den Zähnen klappern. Da wo Sandbänke oder Watten sind, wird das flache Wasser jedoch schnell von der Sonne erwärmt.

Kur

Die Gesundheit war am Anfang das wichtigste Argument für einen Aufenthalt an der Nordsee. Wyk auf Föhr, Wittdün und Norddorf auf Amrum, Helgoland, Nordstrand und Westerland auf Sylt sind anerkannte Nordseeheilbäder, in deren Kurmittelhäusern allerlei Gesundheitsförderndes von Inhalationen bis Schlickpackungen verabreicht wird.

Eine Kur galt von Anfang an allerdings als moralische Gefährdung. Es wurde nicht nur vor zu üppigem Essen und zu heftigem Trinken gewarnt, sondern auch vor »angreifenden Tanzvergnügungen, die den Geist in größere Exaltationen versetzen«. Der Dichter Georg Christoph Lichtenberg, der als einer der ersten dafür eintrat, Seebäder nach englischem Vorbild zu eröffnen, schrieb nach einer Reise in ein englisches Bad 1775: »Es geht da so wie an allen Orten, wo Bäder sind, man holt ein bisgen verlohrne Gesundheit und verliehrt sein Herz.«

Ende des letzten Jahrhunderts kamen Ärzte dann zu der Einsicht, daß viel mehr die Luft als das Baden für Kurerfolge verantwortlich sei. Das bedeutete, daß Kuren auch im Winter gemacht werden konnten, und es entstanden die ersten durchgängig geöffneten Kur- und Erholungsheime für Kinder und Erwachsene.

Das einst im Sinne von Therapie verwandte Wort Kur begleitet Urlauber, Kurlauber und Kurgäste gleichermaßen. Sie zahlen Kurtaxe oder lauschen am Sandwall in Wyk dem Kurkonzert. Und nach wie vor ist das große Sanatorium in Utersum auf Föhr, sind die zahlreichen Erholungsheime unterschiedlicher Träger wichtige, wenn auch von den Einheimischen nicht immer nur geliebte Säulen des Fremdenverkehrs.

Namen

Die Friesen haben schöne und ganz eigene Namen, die nirgends sonst üblich sind. Oder kennen Sie einen gebürtigen Münchner namens Okke oder einen Leipziger mit dem Vornamen Broder? Neben eigenartigen Vor- und Nachnamen gibt es noch eine weitere Besonderheit, das patronymische Namensrecht, das bis zum Anfang des 19. Jahrhunderts auf den Inseln üblich war. Der Vorname des Vaters wurde Nachname seiner Kinder. Als Vornamen wurden nach genauen Regeln die von Vater, Mutter und anderen Verwandten gegeben. Der erste Sohn von Jesse Boyens mußte beispielsweise Boy Jessen heißen. Als die Friesen auf holländischen Schiffen zur See fuhren, hollandisierten manche ihre Namen.

Nationalpark Schleswig-Holsteinisches Wattenmeer

Die auf der Welt einzigartige Wattenmeerlandschaft reicht von der holländischen bis zur dänischen Nordseeküste. Mehr als die Hälfte ist der deutschen Küste vorgelagert. Dieser riesige Naturraum hat ökologische Funktionen, die nirgends sonst erfüllt werden könnten. Zahlreiche Tierarten können nur im und durch das Wattenmeer existieren, Seehunde beispielsweise und Watvögel, die nur hier Nahrung finden. Das Wattenmeer ist außerdem Rastgebiet für Millionen Zugvögel.

1985 wurde das Schleswig-Holsteinische Wattenmeer zum Nationalpark erklärt und zum Teil strengen Schutzbestimmungen unterworfen. Einige Bereiche, zu denen vor allem Seehundsbänke und Vogelbrutplätze zählen, dürfen nur mit besonderer Erlaubnis betreten werden. Auf allen Inseln und Halligen können Sie sich in den Informationszentren Nationalpark Schleswig-Holsteinisches Wat-

Hier erzählen die Grabsteine ganze Lebensgeschichten: Oldsum auf Föhr

tenmeer die oft hervorragenden Ausstellungen anschauen.

Reetdachhaus

Reet war einst, als es überall auf den Inseln in großen Mengen geerntet wurde, eine preiswerte Dacheindeckung. Heute muß es importiert werden. Die St.-Clemens-Kirche auf Amrum ist beispielsweise mit Reet aus Ungarn gedeckt. Auch durch die erheblich höheren Feuerversicherungskosten ist ein Reetdach heute sehr viel teurer als ein Hartdach. Immer wieder fielen und fallen Reetdachhäuser Bränden zum Opfer. Auch deshalb sind unversehrte historische Dorfteile inzwischen eine Seltenheit geworden.

Die Bewohner suchten sich durch eine besondere Konstruktion der abgewalmten Dächer zu schützen. Über dem Hauseingang wurde ein mehr oder weniger spitzer Giebel gebaut. Das Reet wurde mit Hanf oder einem anderen brennbaren Faden direkt auf die Dachbalken genäht, so daß brennendes Reet vom Dachstuhl rutschte. Der Brandgiebel über der Haustür sorgte für einen freien Fluchtweg, da das brennende Reet zu dessen Seite herunterfiel. Auf Häusern mit einem sehr alten Dach erkennt man noch, daß die Firste früher mit Grassoden befestigt wurden. Weitere Merkmale der alten Friesenhäuser sind Sprossenfenster und schmiedeeiserne Maueranker, die zum Teil als Zahlen das Jahr des Baues angeben und als Buchstaben die Initialen der Erbauer. Auf die Haustüren wurde besondere Sorgfalt verwandt. Blau-weiß, auf Amrum oft auch grün-weiß gestrichen und liebevoll verziert, sind sie oft das einladende Paradestück des Hauses. Zur Straße hin sind Steinwälle als Windschutz aus nach oben kleiner werdenden Findlingen typisch, die mit Grassoden belegt werden.

Ringreiten

In ganz Nordfriesland, auch auf den Inseln, sind Ringreitturniere wichtige sportliche und gesellschaftliche Ereignisse, mit nahezu 1500jähriger Tradition. Die Aufgabe der Reiter besteht darin, mit ihren Lanzen im Galopp die an Galgen baumelnden kleinen Ringe zu treffen und hinterher viel Bowle zu trinken.

Trachten

Die Sonntagstrachten der Frauen von Amrum, Föhr und den Halligen sind recht ähnlich. Vor das lange schwarze Kleid wird eine weiße Schürze gebunden. Auf dem Oberkörper wird ein kostbarer Silberschmuck getragen und auf dem Kopf eine bestickte Haube. Vielerorts ist das Tragen der Tracht nicht nur eine Touristenattraktion bei sommerlichen Vorstellungen der Trachtengruppen. Es ist immer noch oder wieder Brauch, sich in einer Tracht konfirmieren zu lassen.

Umweltschutz

Man denkt hier nicht gern an die Umweltschrecken der späten 80er Jahre, und noch weniger gern spricht man über sie: Seehundsterben, Algenpest, Dünnsäureverklappung. Das waren Ereignisse, die denen, die vom Tourismus leben, besonders zu schaffen machten. So ist Umweltschutz auf den Inseln konkreter als andernorts als Selbstschutz verstanden worden. Allerdings konnten auch hier nur eher kleine, wenn auch wichtige Schritte getan werden, denn die große Nordseepolitik wird anderswo gemacht. Auf den Inseln wird Müll getrennt, vielerorts gibt es keine Dosengetränke zu kaufen, und es gehört zum guten Ton, wiederverwendbare Netze oder Taschen zu benutzen. Die WDR (Wyker Dampfschiffs-Reederei) hat ihre Fährschiffe mit Fäkalientanks ausgerüstet. Man versucht, den Verkehr zu begrenzen, und auf einigen Inseln fahren die Busse mit Rapsöl.

Vogelkoje

Besonders in der flachen, baumlosen Marsch sieht man den Wäldchen rund um die Vogelkojen an, daß sie dort nicht von selbst entstanden sind. 1730 wurde die erste Vogelkoje in Oevenum auf Föhr nach holländischem Vorbild angelegt. Auf Amrum, wo man sich mit Neuerungen stets zurückhielt, entstand 1866 eine Koje.

Das Naturschutzgebiet Amrum-Odde bietet See- und Strandvögeln einen geschützten Brutplatz

Der quadratische Kojenteich, umrahmt von einem Wäldchen, ist Anziehungspunkt für Enten, zumal sie dort gefüttert wurden. In der Fangzeit, im Herbst, wurden die Enten dann in eine der vier Pfeifen, das sind sich verjüngende Wasserarme, gelockt und am Ende der Pfeife gefangen und geringelt, wie man das tödliche Halsumdrehen nennt. Die beiden Amrumer Kojen waren nur kurze Zeit in Betrieb, aber auf Föhr werden die Kojen noch bewirtschaftet. In der Zeit vom 1. September bis 15. Dezember werden dort etwa 1000 Tiere gefangen, hauptsächlich sind es Stockenten.

Die Kojen waren einst wichtige Betriebe. In Wyk gab es sogar eine Konservenfabrik, in der die Enten verarbeitet wurden.

Friesen Pesel

Krabben und Salzwiesenlamm

Rote Grütze erfrischt an heißen Sommertagen. Bei Kälte helfen Teepunsch oder Pharisäer

Die nordfriesische Küche ist eher deftig als fein. Aber neben relativ schwer verdaulichen Gerichten wie Weißkohlpudding (Weißkohl-Hackfleisch-Auflauf) finden Sie auch so zarte Köstlichkeiten wie Muscheln, Krabben, Schollenfilets und Rote Grütze auf den Speisekarten.

Allerdings werden Sie gerade zu Beginn Ihres Urlaubs spüren, wie gut Küche und Appetit zusammenpassen. Die frische Seeluft macht nämlich tüchtig hungrig, und dazu passen Strammer Max (Bratkartoffeln mit Schinken und Ei) oder Matjestopf besser als kleine zarte Häppchen.

Ein besonderes, wenn auch zunächst nicht unbedingt sättigendes Vergnügen, sind eigenhändig entschalte Krabben, möglichst direkt vom Kutter im Hafen. Krabbenpulen nennen die Norddeutschen diese Fingerfertigkeit voraussetzende Tätigkeit. Man faßt die Krabbe mit Zeigefinger und Daumen der linken Hand am Kopfende und dreht mit Zeigefinger und Daumen der rechten Hand den Schwanz der Krabbe hinter der ersten Panzerrille solange hin und her, bis die Hülle leicht abzuziehen ist. Den Kopf hält man weiter fest und zieht die Krabbe wiederum mit einer leichten Drehung nach hinten weg.

Friesen-Pesel auf Hallig Hooge. Im Sommer ist die Gastronomie ganz auf den Tagestourismus eingerichtet

Delikat sind viele Lammgerichte. Da das Gras, mit dem sich die Schafe auf den Inseln ernährt haben, im Winterhalbjahr gelegentlich überflutet wird, ist das Fleisch der Salzwiesenlämmer besonders herzhaft. Allerdings sollte man sich erkundigen, ob das Lammfleisch tatsächlich aus der Region stammt, denn absurderweise ist auch in Schleswig-Holstein aus Neuseeland importiertes Lammfleisch preiswerter. Die Schäfer haben allerdings keine Mühe, ihr Lammfleisch zu verkaufen. Es wird großen Teils ins Land der Feinschmecker verschickt, nach Frankreich.

Wer herzhaft ißt, trinkt oft auch gern ein Verdauungsschnäpschen. Der Köm (Korn) ist immer noch Nationalgetränk. Und obwohl sich auch unter den

Friesen herumgesprochen hat, daß Schnaps in Maßen genossen werden sollte, ist beispielsweise eine Siegesfeier der Ringreiter ohne Bowle (Korn mit Brause) nicht denkbar. An kalten Tagen gilt ein Teepunsch, Tee mit Köm und Kandis oder Zucker, als ein bewährtes Mittel.

Weit über Nordfriesland hinaus ist der Pharisäer bekanntgeworden. Das Rezept ist gleichermaßen der Trinkfreudigkeit und dem Einfallsreichtum der Friesen zu verdanken. Ein strenger Pastor namens Gustav Bleyer auf Nordstrand soll seinen Schäfchen einst strikt verboten haben, bei Kindstaufen und anderen Feiern Alkohol zu trinken. Bei der nächsten Tauffeier ging es an der Kaffeetafel dann auch ungewohnt sittsam zu. Nirgends war eine Schnapsflasche zu sehen. Als sich nach einiger Zeit trotzdem eine verdächtige Fröhlichkeit verbreitete, mit der sich außerdem bekannte Symptome von Trunkenheit einstellten, und der Pastor herausfand, daß die vermeintlich braven Feierer ordentlich Rum in ihrem Kaffee unter einer unschuldig wirkenden und geruchshemmenden Sahnehaube untergebracht hatten, schimpfte er: »Ihr Pharisäer!« Das soll sich Anno 1872 auf Nordstrand im Hause des Bauern Peter Georg Johannsen zugetragen haben. Der weitere Lebensweg des Bauern bewies, wie angebracht die Mahnungen des Pastors waren. Als alter Mann wurde Johannsen wegen Trunksucht und Verschwendung entmündigt und verlor durch Überschuldung seinen Hof. Das ist längst vergessen, ebenso wie der gestrenge Pastor Bleyer, aber Pharisäer oder seine Abwandlung namens Tote Tante (Kakao mit Rum) gibt's in jedem Café und Restaurant. Auch die friesische Vorliebe für Tee, als Teepunsch mit starkem alkoholischen Zusatz, oder pur mit Kandis genossen, ist vergleichsweise jung. Vor rund 250 Jahren brachten die Seefahrer Teerezepte aus Holland mit. Zuvor schon sollen die Insulaner Teeballen als Strandgut aus einem Handelsschiff gefunden haben, ohne zu wissen, was sie damit anfangen sollten. Sie versuchten, ihn als Gemüse zuzubereiten, waren aber von dem Ergebnis nicht besonders angetan, wie sich denken läßt.

Eiergrog ist eine Helgoländer Spezialität. Ein Eigelb wird mit Zucker und heißem Wasser aufgeschäumt und dann mit Rum und Arrak zu einem wärmenden Getränk angereichert.

In vielen Cafés und Konditoreien gibt es Friesentorte aus Blätterteig, Pflaumenmus und Schlagsahne. Auch Friesenwaffeln, vor allem selbstgemachte, sind begehrt und nicht mit herkömmlichen Waffeln zu verwechseln. Friesenwaffeln sind ein festes Gebäck, zu dem ebenfalls Pflaumenmus und Schlagsahne gereicht werden. Pflaumenmus, im Spätsommer eingekocht, war früher eines der wenigen fruchtigen Gerichte im Winter.

Die einheimische Küche, die im großen und ganzen der norddeutschen Küche entspricht, hat sich durchaus den Vorlieben und Abneigungen der Gäste angepaßt. Traditionelle norddeutsche Gerichte wie Fliederbeer- (d.h. Holunderbeer-), Sauerampfer- und Buttermilchsuppe oder Buchweizenpfannkuchen werden kaum noch angeboten. Da auf den Inseln die Fischerei im Gegensatz zur Viehzucht nie eine wichtige Rolle spielte, sind die Insulaner Fleischesser. Aber die Gastronomen haben sich darauf eingestellt, daß die Gäste lieber Nordseefisch zu sich nehmen, der zum Teil allerdings von Händlern aus Husum oder sogar Flensburg angeliefert wird.

Cafés und Restaurants sind fast immer Familienbetriebe, in denen knochenharte Saisonarbeit geleistet wird. Meist ist es schwer, nur für die Sommermonate qualifiziertes Personal zu finden. Wenn dann der Koch mitten im Sommer geht oder eine Kellnerin krank wird, kommt es zu Engpässen, die nicht ohne weiteres auszugleichen sind. Haben Sie bitte Verständnis, wenn aus solchen oder vielleicht auch aus familiären Gründen ein Restaurant einmal unvorhergesehen geschlossen hat. In der Vor- und Nachsaison kann es außerdem geschehen, daß ein Restaurant früher schließt. Auch Betriebsferien stehen nicht immer schon lange Zeit im voraus fest.

Im Winter gibt es mancherorts Klagen, weil die Gäste Mühe haben, ein geöffnetes Restaurant zu finden. Aber die Kurverwaltungen bemühen sich in Abstimmung mit den Gastwirten verstärkt darum, ein Mindestangebot sicherzustellen.

Gelegentlich ist auch zu hören, daß die Gerichte im Winter aus der Tiefkühltruhe kommen und nicht eben begeistern. Ohnehin sollte man gerade dort, wo die Gästezahlen noch klein sind, nicht allzu hohe Ansprüche stellen. In dem einzigen Restaurant einer Hallig beispielsweise muß man sich auf einfache Kost und geringe Auswahl einrichten. Auf Amrum und Föhr hingegen können Sie, zumindest von Frühjahr bis Herbst, vom frischen Fischbrötchen bis zu einem hervorragenden Menü alles bekommen.

Rote Grütze

Sollten Sie in irgendeinem Restaurant enttäuscht gewesen sein, versuchen Sie es mit diesem Rezept für Rote Grütze, dem besten, das ich kenne:

- 200 g rote Johannisbeeren,
- 100 g schwarze Johannisbeeren,
- 200 g Erdbeeren,
- 100 g Himbeeren.

Johannis- und Erdbeeren waschen, nur eben mit Wasser bedeckt aufkochen und bei wenig Hitze 3 Minuten ziehen lassen. Beeren im Saft mit einem Kartoffelstampfer gründlich zerkleinern und durch ein Sieb passieren. Den zurückbleibenden Kernbrei wegwerfen. Den Fruchtsaft mit Zucker abschmecken. Nochmals aufkochen und mit Stärkemehl ein wenig andicken. Die ungekochten Himbeeren sofort vorsichtig unterrühren. Grütze einige Stunden kühl stellen. Mit flüssiger Sahne oder Milch servieren.

Souvenirs rund ums Schaf, Bilder und Bernstein

Die Nordfriesischen Inseln sind kein Eldorado für Einkaufsbummler

Wer im Urlaub möglichst wenig Geld nebenbei ausgeben will, gerät nur selten ernsthaft in Versuchung.

Auf allen Inseln bieten Töpfereien Keramik an. Die Qualität ist so unterschiedlich, daß es sich lohnt, ein bißchen herumzuschauen.

Wer ein Baby oder oft kalte Füße hat, ersteht vielleicht eines der fast überall angebotenen Schaffelle. Auch Schafwolle, naturbelassen oder zum Teil sehr schön gefärbt, wird angeboten.

Bernstein, der früher in großen Mengen gefunden wurde, zeigt, wie waldreich das Gebiet des heutigen Wattenmeers vor Jahrtausenden war. Besonders nach Sturmfluten kann man auch heute noch Bernstein am Flutsaum finden. Dieses »Gold des Nordens«, das in früheren Jahrhunderten überaus begehrt war, entstand durch Baumharz, das in den Waldboden tropfte, unter den Meeresspiegel geriet und dort zerwaschen und wieder abgelagert wurde. Besonders schön sind Steine mit Insekteneinschlüssen. Bernsteinschmuck wird in vielen Formen angeboten. Größere Geschäfte importieren die Steine allerdings aus dem Baltikum.

Inseltöpferei auf Nordstrand: klare Formen und schöne alte Muster

Alte Fliesen sind inzwischen rar und sehr teuer. Aber mancherorts gibt es sehr hübsche neue Fliesen in den alten Mustern und Farben zu kaufen.

Maler und Fotografen fühlen sich durch die faszinierende Landschaft, die raschen Lichtwechsel und oft bizarren Wolkenformationen zur Arbeit animiert. In den Galerien kann man neben allerlei Kitsch auch wirklich beeindruckende künstlerische Werke finden.

Wer eßbare Souvenirs bevorzugt, nimmt Honig, geräucherten Aal, Lammsalami oder Friesenwaffeln mit nach Hause.

Für viele Nordseeurlauber sind aber nach wie vor die schönsten Exemplare der am Strand gefundenen Muscheln und Steine das ihnen liebste Mitbringsel.

Jahrhundertealte Bräuche und Feste für die Gäste

Das Biike-Brennen ist ein schöner und haltbarer Brauch

Es gibt zwei Arten von Festen: die einen sind uralter Brauch, und bei ihnen sind die Insulaner meistens und auch am liebsten unter sich. Die anderen sind Touristenattraktionen, und überwiegend auch deshalb ins Leben gerufen worden: all die sommers stattfindenden Dorf-, Strand-, Hafen- und Straßenfeste und Kunsthandwerkermärkte. Die Kurverwaltungen der Inseln geben Veranstaltungsprogramme heraus, denen Sie die genauen Termine entnehmen können.

FEIERTAGE

Gesetzliche Feiertage sind, wie in ganz Norddeutschland:
Neujahr, Karfreitag, Ostermontag, der 1. Mai, Himmelfahrt, Pfingstmontag, der 3. Oktober, der 1. und der 2. Weihnachtsfeiertag

Zur Sonnenwendfeier kann man die hübschen Amrumer Trachten in der Kniepsandhalle bewundern

FESTE

21. Februar

Biike-Brennen: Dieser wichtige friesische Brauch hat auch die längste Tradition. Er geht zurück auf den Götterglauben der Germanen, die ihren Gott Wotan durch ein Feuer freundlich stimmen wollten. Heute noch vertreibt jedes Dorf den Winter mit einem Feuer am Strand, so daß von Sylt bis Nordstrand viele, viele Feuer lodern. Anschließend erwärmen sich die Insulaner beim zünftigen Grünkohlessen und geistigen Getränken. Die Kinder dürfen an diesem Abend rauchen und schwärzen sich mit Ruß die Gesichter, mancherorts werden Fremde »angeschwärzt«.

Himmelfahrt

Rund-Föhr ist ein recht anstrengendes Vergnügen, gilt es doch die gesamte Insel per pedes zu umrunden. Wer das schafft, hat immerhin 38 km abgelaufen. Die Schnellsten bringen sie in 3 Stunden hinter sich.

MARCO POLO TIPS FÜR FESTE

1 Schleswig-Holstein Musik Festival
Wohlklänge auch auf Föhr und in Husum (Seite 28)

2 Salzwiesenlamm-Tage auf Nordstrand
Hier hat selbst die Ministerpräsidentin schon barfuß getanzt (Seite 28)

3 Nordseewoche auf Helgoland
Bei der größten Nordsee-Regatta geht's auch auf dem Trockenen hoch her (Seite 28)

4 Jahrmarkt in Wyk auf Föhr
Seit 1710 ein Höhepunkt für alle Insulaner (Seite 28)

Pfingsten
Tagsüber vergnügt man sich bei Ausfahrten mit Pferdekutschen, abends beim Tanz.

★ *Salzwiesenlamm-Tage auf Nordstrand* (Gründonnerstag bis Pfingstsamstag). An diesen Tagen kann man viel über Schafzucht erfahren, besonders gut essen und das Tanzbein schwingen.

★ *Nordseewoche auf Helgoland.* Bei der größten Nordsee-Regatta Deutschlands wird Seglern und Zuschauern an Land ein buntes Programm geboten.

Mai
Rungholt-Tage auf Pellworm. Schiffsfahrten zu den sichtbaren Überresten von Rungholt im Watt bei Südfall und Detlev-von-Liliencron-Lesungen.

21. Juni
Sonnenwendfeier auf Amrum mit Feuer am Strand, Blasmusik und Trachtengruppe. *Kniepsandhalle, Nebel*

Juni – September
Namhafte Organisten spielen auf der Arp-Schnitger-Orgel in der Alten Kirche auf Pellworm.

12. Juli
Inselfest auf Helgoland mit allerlei Budenzauber, Musik und abendlichem Feuerwerk.

Juli/August
★ Auf Föhr, Sylt und in Husum finden Veranstaltungen im Rahmen des *Schleswig-Holstein Musik Festivals* statt. Programmhefte liegen bei den Kurverwaltungen aus. *Pellwormer Hafenfest* mit Buden und Musik.

September/Oktober
Drachenfest am Süderhafen von Nordstrand. Sondergenehmigungen erlauben lange Leinen.

Drittes Wochenende im Oktober
★ *Jahrmarkt in Wyk.* Seit 1710 ist der herbstliche Jahrmarkt ein Höhepunkt des Jahres für alle Insulaner auf Föhr. Während die Land-Föhrer früher zum Viehhandel in die Stadt kamen, um das nach der Ernte etwas reichlichere Geld für Wintereinkäufe auszugeben und ordentlich Teepunsch zu trinken, kommen heute auch zahlreiche Touristen mit Sonderfahrten vom Festland und von anderen Inseln.

Die älteste Kirche auf Föhr: St. Johannis in Nieblum

Dezember

Am 21. Dezember sind Kinder und Jugendliche auf Föhr zum *Thamsen* unterwegs. Alles, was sich dreht und nicht ordentlich im Haus verwahrt ist, wird von ihnen versteckt. Der Name Thamsen geht zwar auf den christlichen Apostel Thomas zurück, aber ursprünglich bezog sich der Brauch in der längsten Nacht des Jahres auf das Rad als germanisches Symbol. Das Thamsen ist gelegentlich mit Streichen verbunden, die Erwachsene nicht besonders komisch finden. Verschwundene Gartenpforten oder Gullydeckel möchten sie am nächsten Tag nicht suchen müssen.

Silvester

Zunächst ziehen verkleidete Kinder, später am Abend auch Gruppen von Erwachsenen, die oft phantasievoll maskiert sind, von Haus zu Haus, wünschen ein gutes Neues Jahr und werden dafür mit Süßigkeiten bzw. einem Schnaps belohnt.

Dort wo es Reetdachhäuser gibt, sind Feuerwerkskörper verboten. Auf Amrum dürfen überhaupt keine gezündet werden.

Tapfere Friesinnen

Wenn Sie genau hinschauen, können Sie in der friesischen Flagge neben Krone und Wappenvogel auch einen Topf erkennen. Die Sage erzählt, es handele sich dabei um einen Grützetopf, der in einer kriegerischen Auseinandersetzung zwischen Dänen und Friesen entscheidende Bedeutung erlangte. Als die Friesen sich schon geschlagen geben wollten und sich zum Lager ihrer grützekochenden Frauen zurückzogen, sollen die Frauen die nachrückenden Feinde mit Kochlöffeln traktiert und heißem Brei beworfen und so in die Flucht geschlagen haben. Die kleinlauten Sieger dankten ihren Frauen deren Heldentat, indem sie einen Grützetopf ins friesische Wappen malten.

STRANDKÖRBE
M
MARTINEN
Boyens
Boyen
85
J

Einzigartige Landschaft und alte Friesenhäuser

Kniepsand und Dünen, Wald und Heide machen Amrum zu einem besonderen Erlebnis

Amrum gibt sich bescheiden und ist auch deshalb etwas Besonderes geblieben. Während sich auf Föhr, Nordstrand und Pellworm die Festlandslandschaft fortsetzt, überrascht Amrum mit einer völlig anderen. Die Dünenkette, die sich von Wittdün im Süden bis zur Amrumer Odde an der Nordspitze mehr als 10 km lang erstreckt, geht über in einen einzigartigen Strand. Er sorgte auch für den Namen, denn *Am Rem* heißt sandiger Rand. Eigentlich ist der Kniepsand, der an manchen Stellen einen Kilometer breit ist, eine riesige Sandbank, die sich Jahr für Jahr um etliche Meter nach Norden verschiebt und erst seit rund 200 Jahren vor der Insel liegt. Wer in

Weg zum Norddorfer Strand

Hotel- und Restaurantpreise

Hotels
Kategorie 1: über 150 Mark
Kategorie 2: 100 bis 150 Mark
Kategorie 3: bis 100 Mark

Die Hotelpreise gelten für ein Doppelzimmer (zwei Personen) mit Frühstück pro Nacht in der Hauptsaison.

Restaurants
Kategorie 1: über 50 Mark
Kategorie 2: 25 bis 50 Mark
Kategorie 3: unter 25 Mark

Bei den unten genannten Restaurantpreisen der Kategorie 1 und 2 handelt es sich um den Mindestpreis für ein Menü für eine Person ohne Getränke.
In den Restaurants der Kategorie 2 wird auch immer eine Auswahl von Teller- und Tagesgerichten angeboten.
Kategorie 3 nennt Restaurants oder Cafés für Snacks, preiswerte Tellergerichte und Kleinigkeiten.

MARCO POLO TIPS FÜR AMRUM

1 St. Clemens in Nebel
Reetgedeckte Kirche im schönsten Dorf Amrums
(Seite 38)

2 Leuchtturm
300 Stufen führen zu einem grandiosen Blick
(Seite 38)

3 Seekiste
Gut essen und klönen im beliebtesten Restaurant
(Seite 39)

4 Odde
Vogelparadies in den Dünen am Nordzipfel
(Seite 41)

der oft beträchtlichen Brandung baden will, muß also erst einmal kräftig ausschreiten, bis er den Flutsaum erreicht. Aber gerade das schätzen Amrumurlauber: Am Kniepsand verteilen sich selbst im Hochsommer die Gästescharen so bekömmlich, daß der Eindruck von Weite nie verlorengeht. Da die Sprachforscher immer noch darüber rätseln, was Kniep ursprünglich bedeutet haben könnte, ist eine Erklärung in Umlauf, die sich der Erfahrung an windigen Tagen verdankt: Kniep heißt der Sand, weil er vom Wind getrieben, ganz schön kniepen, also zwicken kann.

Zu jedem Ort gehören bewachte Badestrände mit Strandkörben – sowohl für Leute mit als auch ohne Badeanzug. Der herrliche breite Dünengürtel Amrums steht unter Naturschutz und darf nur auf den Bohlenwegen betreten werden. Bei Wittdün, Süddorf, Norddorf und dem Quermarkenfeuer kurz vor Norddorf hat man von den bis zu über 30 m hohen Aussichtsdünen einen wunderbaren Blick.

Der Kniepsand, mit etwa 10 Quadratkilometern fast halb so groß wie die Insel (20 Quadratkilometer), ist für Amrum ein natürlicher und verläßlicher Küstenschutz. Schiffen ist er allerdings oft zum Verhängnis geworden. Untiefen und Sandbänke im Wattenmeer stellen auch heute noch Gefahren dar, die den Wunsch, ein Schiff möge immer eine Handbreit Wasser unter dem Kiel haben, als immer noch zeitgemäß erscheinen läßt. In früheren Jahrhunderten waren die Amrumer gefürchtete Strandräuber, so daß im 15. Jahrhundert erstmals ein Strandvogt eingesetzt wurde, der mit Hilfe strenger Gesetze den Beutemachern am Strand das Handwerk legen sollte.

An Kniepsand und Dünengürtel schließt sich ein Streifen mit der für Amrum typischen Vegetation an: Heide, aus der im Frühjahr gelb der Ginster leuchtet und würzig duftender Kiefernwald. Bäume und Blumen haben es schwer auf dieser Insel. Salzhaltige Luft und Wind bremsen ihr Wachstum. Aber geduldige Aufforstung mit Laub- und Nadelbäumen haben Amrum inzwischen zur waldreichsten Nordseeinsel gemacht. Und in Nebel und Norddorf kann man an herrlich blühenden Gärten vorbeischlendern.

Am Rande des Waldstreifens verläuft die Autostraße, die von Wittdün an Leuchtturm und Mühle vorbei nach Norddorf führt. Östlich der Straße auf dem flutsicheren Geestrücken Amrums liegen die Orte Süddorf und Nebel. Die Nordspitze, die Amrumer Odde, ist ein Vogelparadies. Dieses Naturschutzgebiet darf nur im Rahmen von Führungen betreten werden. Von hier starten die Wattwanderer nach Föhr.

Das Wattufer im Osten bietet wiederum eine ganz andere Naturerfahrung. Hier glänzt das Meer die meiste Zeit über durch Abwesenheit und bietet so zahlreichen Vogelarten einen nahrhaften Boden. Aber die Ruhe im Watt ist trügerisch. Bei Sturmfluten geht es auch hier hoch her. Und deshalb gibt es zwischen Wittdün und Steenodde und im Norden der Insel Deiche.

Zwischen Watt und Geest liegt Marsch. Doch nur ein kleiner Teil dieses Bodens wird noch landwirtschaftlich genutzt.

Auf die Zeit zwischen 3000 bis 1600 v. Chr. wird die früheste Besiedlung der Insel datiert. Aus der Bronzezeit, in der neue Bewohner vom Festland auf die Insel kamen, stammen zahlreiche Hügelgräber, etliche davon sind erhalten und leicht zu erkennen. Aus der Wikingerzeit stammt der beeindruckende Wall zwischen Nebel und Steenodde, der Krümmwal. Welche Funktion er einst hatte, ist bislang ungeklärt.

Die Amrumer standen dem Fremdenverkehr zu Beginn mit schroffer Ablehnung gegenüber. 1885 lehnte die Gemeindevertretung die Erteilung einer Badekonzession mit der Begründung ab, daß man »den Verderb der guten hiesigen Sitten durch Badeleute befürchten muß, wie Beispiele im benachbarten Wyk und Westerland zur Genüge beweisen«. Aber nachdem die Amrumer von höherer Stelle den Befehl bekommen hatten, eine Konzession zu erteilen, nützte aller Widerstand nichts mehr, und auf der unbebauten Südspitze der Insel wurde 1889 das erste Hotel eröffnet. Und um die hochherrschaftlichen Gäste bequem an den Kniepsand bringen zu können, wurde sogar eine Eisenbahn gebaut, die 1900 erweitert wurde und über Nebel, wo heute noch das Alte Bahnhofshotel daran erinnert, bis Norddorf führte. 1939 wurde der Bahnbetrieb jedoch stillgelegt.

Die Norddorfer versuchten sich vor den angeblich sittenverderbenden Gästen mit einem Trick zu schützen. Sie unterstützten Pastor Friedrich von Bodelschwingh beim Bau eines christlichen Seehospizes und hofften, so vergnügungslustige Reisende abzuschrecken.

Obwohl der Fremdenverkehr heute die wichtigste und fast einzige Einnahmequelle der Amrumer ist, ist ihnen eine tiefe Skepsis geblieben, die sich dem Wunsch verdankt, Amrum müsse das Zuhause der knapp 2400 Insulaner bleiben, solle nicht bis zur Unkenntlichkeit durch Neubauten zu einem Klein-Sylt und durch täglich anreisende Touristenscharen zu einer einzigen Promenade werden. Seit Jahren ist das Bauen auf der Insel streng reglementiert, so daß es trotz steigender Übernachtungszahlen eher weniger als mehr Gästebetten auf Amrum gibt. Die einzeln vermieteten Fremdenzimmer sind inzwischen überwiegend zu mehr Platz beanspruchenden Ferienwohungen umgebaut worden, und Neubauten werden kaum noch genehmigt. Dafür kommen immer mehr Gäste auch im Winter. Die Luft ist dann genauso gut, und passionierte Strandläufer schwören geradezu auf die Zeiten, zu denen sie am Kniepsand kaum jemandem begegnen. Allerdings sind im Winter, außer über Weihnachten und Neujahr, etwa die Hälfte aller Restaurants und Läden geschlossen.

Das Angebot für die Gäste ist aber auch im Sommer vergleichsweise klein. Es gibt nur wenige Geschäfte, und auch die Zahl der Restaurants und Cafés hält sich in Grenzen. Wer abends etwas unternehmen will, hat meist nur die Wahl zwischen Kino und Hotelbar. Die vielen Stammgäste, vor allem Familien mit kleineren Kindern und Gäste über 40, kommen gerade auch der Ruhe wegen. Aber für einheimische und angereiste Jugendliche ist die natürlich weniger begeisternd. Für sie werden in der Hochsaison allerdings samstags Diskoabende organisiert.

Norddorf und Wittdün sind anerkannte Heilbäder und unterhalten Kurmittelhäuser und Schwimmbäder. 10 bis 15 Prozent der Amrumurlauber sind Kurpatienten, die vor allem Haut- und Atemwegserkrankungen behandeln lassen.

Wer einigermaßen gut zu Fuß ist oder gerne Fahrrad fährt, kann getrost ohne Auto nach Amrum reisen. Am weitesten liegen Norddorf und Wittdün mit 10 km auseinander. Nirgendwo ist die Insel breiter als 3 km.

Die einzige Landstraße, die diese Orte verbindet, ist für Radfahrer und Fußgänger allerdings sehr gefährlich und sollte selbst für kurze Strecken strikt gemie-

Naturkundliche Führung auf Amrum

den werden. Auf den gut gekennzeichneten Radwegen durch den Wald oder die Marschen ist es nicht nur sicherer, sondern auch viel schöner! Für Wandersleute und Spaziergänger gibt es zahlreiche autofreie Wege. Und sollte Ihnen die Puste ausgehen: Busse verkehren in der Saison tagsüber halbstündlich und von 19 bis 21.30 Uhr stündlich.

Auf Amrum haben viele Geschäfte am Donnerstag nachmittags geschlossen.

AUSKUNFT FÜR AMRUM

Bädergemeinschaft
Gästeverzeichnis und Zimmernachweis für alle Orte. *Mo–Fr 9.30–12 und 14.30–17 Uhr, Fähranleger, 25946 Wittdün, Tel. 0 46 82/8 91, Fax 29 76*

WITTDÜN

Wittdün (670 Ew.) ist der jüngste Ort Amrums. 1889 wurde er als Seebad gegründet. Der einst feine Badeort stand in krassem Gegensatz zu dem braven Norddorf mit seinen christlichen Hospizen. Aber man hatte sich auch übernommen. Finanzielle Schwierigkeiten und der Erste Weltkrieg stürzten den Ort in eine langjährige Krise. Erst nachdem einige Hotels zu Kinderheimen umgebaut worden waren, ging es in dem nur vom Fremdenverkehr lebenden Ort wieder ein wenig aufwärts. Aber richtig gut geht es Wittdün erst seit den 70er Jahren, als viele Neubauten entstanden und der Run auf Eigentumsferienwohnungen einsetzte.

1914 wurde damit begonnen, die exponierte südliche Uferspitze durch eine Mauer vor den Nordseewellen zu schützen. So entstand Wittdüns *Strandpromenade,* auf der man den gesamten Ort umwandern kann und bei klarer Sicht wunderbare Ausblicke auf's Meer, die Halligen und Föhr hat. Auch die *Obere Wandelbahn,* ein Fußweg zwischen Strandpromenade und Häusern, eignet sich hervorragend für einen schönen Spaziergang. Sonst wirkt Wittdün durch die vielen neuen, nicht immer schönen Häuser eher gesichtslos. Die Hauptstraße mit zahlreichen Geschäften ist im Hochsommer gelegentlich hoffnungslos überfüllt. (B 4)

BESICHTIGUNG

Seezeichen- und Seglerhafen
Einen halbstündigen Spaziergang an der Wattseite kann man im kleinen Segler- und Wasserzeichenhafen mit dem Kauf frischer Krabben direkt vom Kutter verbinden. Die werden übrigens der Einfachheit halber nach Litern und nicht nach Gramm verkauft.

Hier liegt der Seenotrettungskreuzer Amrums, und im Sommer kommen viele Segelschiffe dazu. Auch für etwa 50 Gastboote ist Platz. Nebenan kann man sehen, wie groß die im Meer liegenden Tonnen und Bojen aus der Nähe betrachtet sind. Sie werden hier gewartet und leuchten mit ihren neuen gelben, grünen und roten Anstrichen schon von weither. Hafenmeister Autzen *(Tel. 0 46 82/45 49)* betreibt im neuen Clubhaus das *Restaurant Seefohrerhus,* in dem nicht nur die Skipper frühstücken und Kaffee trinken können. *Feb.–Okt. Fr–Mi 10–22 Uhr*

RESTAURANTS UND CAFÉ

Café Barfuß

Im Sommer wird auch im Garten serviert. *April–Okt. So–Fr 10 bis 22 Uhr, Nov.–März So–Fr 10 bis 19 Uhr, Hauptstraße 43*

Heide Kate

Etwas weiter draußen, gegenüber vom Leuchtturm, sitzen Sie gemütlich, im Sommer auch draußen. Kinderspielplatz hinterm Haus. *15. Feb.–15. Nov., Weihnachten Di–So 12–15 und 17–23 Uhr, Hauptstraße 66, Tel. 0 46 82/23 56, Kategorie 2*

Spökenkieker

Im maritimen Ambiente bekommen Hungrige auch spät am Abend noch etwas aufgetischt, und an der Bar kann man auch nur ein Bierchen trinken. Spezialität: Steaks. *März–Dez. Mi–Mo 17.30–24 Uhr, Hauptstraße 4, Tel. 0 46 82/8 66, Kategorie 2*

Weiße Düne

Hier ist die Küche bodenständig und doch fein. Tischreservierung empfehlenswert. *Di–So 12–14 und 18–21.30 Uhr, Hauptstraße 59, Tel. 0 46 82/7 69, Kategorie 2*

EINKAUFEN

Insel Galerie

Werke, die auf Amrum entstanden sind oder in die Landschaft passen. *Mo–Sa 10–12 Uhr, Mo bis Mi und Fr 15–17.30 Uhr, Hauptstraße 23*

Gisela Jünger

Hier werden kunstvoll handgemalte Fliesen und Kacheln angeboten. *Mo–Fr 16–18 Uhr, Mittelstraße 40, Tel. 0 46 82/7 55*

Quedens

Eine Orts- und landeskundlich erstklassig sortierte Buchhandlung. *Mo–Fr 9–12 und 15–18 Uhr, Sa 9–12.30 Uhr, Hauptstraße 37 (Filiale in Norddorf), Tel. 0 46 82/41 11*

HOTEL, CAMPING, JUGENDHERBERGE

Weiße Düne

Behagliches und sehr gepflegtes kleines Haus. Außerdem beherbergt es ein Schwimmbad mit einer Sauna und ein Restaurant. 15 Zi. *Achtern Strand 6, 25946 Wittdün, Tel. 0 46 82/8 56, Fax 20 39, Kategorie 1*

Campingplatz Amrum

Die Anlage mit 200 Plätzen liegt direkt am Kniepsand. *15. März bis 15. Okt., Hauptstraße 125, Tel. 0 46 82/22 54, Fax 43 48*

Jugendherberge

Jan.–Nov., Mittelstraße 1, 25940 Wittdün, Tel. 0 46 82/20 10, Fax 17 47

SPORT UND STRÄNDE

Am Ortsende beginnt der Kniepsand. Wittdün selbst hat einen schönen aber nicht allzu breiten Sandstrand. Bei Ebbe kann man hier im Watt laufen. Bei Flut hat man es nicht weit bis zum Wasser. In Höhe des Schwimmbades liegt in den Dünen der kleine Süßwassersee Wriakhörn.

Meerwasserbad

Dem Meerwasserbad sind Sauna und Solarium angeschlossen. *Leider bleibt die Anlage wegen Umbau bis Dez. 1995 geschlossen. Am Schwimmbad, Tel. 0 46 82/8 61*

AM ABEND

Blaue Maus

Traditionsreiche Kneipe und Diskothek. *Pfingsten – Sept. Fr–Mi, Okt.–Pfingsten Fr–Di 20.30–3 Uhr, Hauptstraße 107*

AUSKUNFT

Kurverwaltung

Allgemeine Information, Reservierung von Ferienwohnungen. *Mai–Okt. Mo–Fr 9–16 Uhr, Sa 10–12 Uhr, Nov.–April Mo–Fr 9–16 Uhr, 25946 Wittdün, Mittelstraße 34, Tel. 0 46 82/8 61, Fax 8 71, Reservierungsdienst Tel. 8 64 und 8 65*

NEBEL

Nebel (1035 Ew.) ist der schönste Ort Amrums. Der gut erhaltene historische Dorfkern rings um die St.-Clemens-Kirche ist mit seinen alten Friesenhäusern, Obstbäumen und schönen Gärten geradezu ein nordfriesisches Bilderbuchdorf. Die ersten Häuser wurden vermutlich erst Anfang des 16. Jhs. erbaut. Der Name Nebel bedeutet *Neues Bohl* und weist auf eine deutlich spätere Gründung als die von Nord- und Süddorf hin. Im Ortsteil Westerheide liegen die zum Teil sehr hübschen neueren Häuser zwischen Straße und Dünen im Wald versteckt.

Die Dörfer Süddorf und Steenodde gehören zur Gemeinde Nebel, die dadurch die größte der Insel ist. Nebel beherbergt das Amt für die gesamte Insel, ebenso wie das Polizeirevier und die Dörfergemeinschaftsschule im Ortsteil Süddorf. Die alten Bauernhäuser in Süddorf und Nebel aus dem 18. und 19. Jh. sind zum großen Teil in dem typischen friesischen Rostrot gestrichen, das Ochsenblut genannt wird. Schmale, zum teil unasphaltierte Wege führen zwischen den mit Heckenrosen oft über und über bewachsenen alten Gartenmauern entlang. Es ist zu hoffen, daß der alte Ortsteil von Nebel bald ganz für den Autoverkehr gesperrt wird, denn selbst mit dem Fahrrad ist an schönen Sommertagen an manchen Ecken nicht mehr gut voranzukommen.

Nebel ist mit fast 50 000 Gästen im Jahr der am stärksten besuchte Ort der Insel. Hinzu kommen die vielen anderen Amrumreisenden, die sich einen Ausflug in das schönste Dorf natürlich nicht entgehen lassen wollen.

Das winzige Dörfchen Steenodde ist erst 1721 entstanden. Aber vor- und frühgeschichtliche Funde beweisen eine sehr frühe Besiedlung. Im Gegensatz zum Fischfang, der kaum je eine Rolle für die Insulaner gespielt hatte, war die Austernfischerei vom 11. bis 19. Jh. ein wichtiger Erwerbszweig. In Steenodde, von wo die Austernfischer einst auszogen, gibt es seit einigen Jahren eine Austernzuchtanlage.

Süddorf ist vermutlich so alt wie die St.-Clemens-Kirche, also wohl knapp 800 Jahre. Die zum großen Teil sehr schönen Häuser stehen so weit auseinander, daß hier und da Platz ist für ein neues Gebäude, ein Reetdachhaus versteht sich. In Süddorf ist es selbst in der Hochsaison noch beschaulich. Es gibt keine Geschäfte, aber nach Nebel ist es nur einen Kilometer und nach Wittdün auch nicht weit. (A4/B4)

BESICHTIGUNGEN

Leuchtturm

★ Wer den grandiosen Blick über Inseln und Halligen vom höchsten Leuchtturm Norddeutschlands (63 m) genießen will, kommt zuvor auf den rund 300 Treppenstufen ganz schön aus der Puste. *Mai–Okt. Mo–Fr 8–12.30 Uhr, an Feiertagen und ab Windstärke 6 geschl., an der Hauptstraße Richtung Wittdün, Eintritt 3 Mark, Kinder 1 Mark*

St. Clemens

★ Die elegant wirkende Kirche wurde um 1200 vermutlich zunächst als Kapelle erbaut und Anfang des 18. Jhs. verlängert. Der Kirchturm wurde erst 1908 angebaut. Mit seinen weißverputzten Mauern und dem reetgedeckten Kirchenschiff ist St. Clemens für die Region ganz ungewöhnlich. Die Häuser von Nebel, was das neue Dorf bedeutet, wurden erst später um die Kirche herum gebaut. Sehenswert sind die Taufe aus Bornholmer Granit und Muschelkalk, die Apostelreihe aus dem 14. Jh. und das Kruzifix von ca. 1480. Etliche Einrichtungsstücke sind Stiftungen von zu Wohlstand gekommenen Seefahrern. 90 Grabsteine auf dem Friedhof stehen unter Denkmalschutz. Die ältesten stammen aus dem 17. Jh. Der Inselforscher und -chronist Georg Quedens hat die Inschriften entziffert und zu einem einzigartigen Dokument zusammengestellt, das die Geschichte Amrums auf vielfache Weise erhellt. So erzählt beispielsweise der Grabstein des 1708 geborenen Hark Olufs von einer besonderen Gefahr. Mit 16 Jahren war er »von den türkischen See-Räubern zu Algier 1724 gefangen genommen worden«. Nach 11 Jahren wurde er freigelassen und kam mit gutem Lohn für Dienste in der Gefangenschaft nach Amrum zurück, wo er als »grosser Kriegesheld« gefeiert wurde. Viele Seefahrer gerieten damals in jahrelange Gefangenschaft. *Tgl. 8–17 Uhr, Kirchen- und Friedhofsführungen Mitte Mai – Mitte Okt. Mi 17 Uhr.* Bei manchen Gottesdiensten spielt der Amrumer Jugendposaunenchor.

Süddorfer Mühle

Die kleine Mühle stand bis zum Ende des letzten Jahrhunderts auf Sylt. Sie ist innen zu Wohnzwecken ausgebaut, aber nur von außen zu besichtigen, und schon von weither gut zu erkennen, da sie auf einem alten Hügelgrab errichtet wurde. *Uasterstigh, Süddorf*

MUSEUM

Mühle und Heimatmuseum

Durch einen der »sprechenden« Grabsteine auf dem St.-Clemens-Friedhof läßt sich der Bau der Mühle auf das Jahr 1771 datieren. Als der letzte Müller 1964 gestorben war, wurde der immer noch voll funktionsfähige Erdholländer von einem Verein engagierter Amrumer Bürger übernommen und im ehemaligen Lagerraum ein Museum eingerichtet. Hier können Sie u.a. die Geschichte von Leuchtturm und Inselbahn erkunden und eine alte Amrumer Tracht bewundern. In jeder Saison gibt es zwei Ausstellungen von Malern mit Amrumer Motiven. Gegenüber, auf der anderen Straßenseite, sind auf einem kleinen Friedhof rund 30

Reetdachhaus in Nebel auf Amrum

Unbekannte begraben, die das Meer an Amrums Küsten spülte. *April–Okt. Mo–Mi 10–12 Uhr, Do bis So 15–18 Uhr, Eintritt 1 Mark, Kinder 50 Pfennige*

RESTAURANTS UND CAFÉS

Ekke Nekkepenn
Fischpfannen und im Ofen gebackener Heilbutt sind besonders beliebte Gerichte in diesem gutbürgerlichen Restaurant. *April bis Okt. Fr–Mi 17.30–23 Uhr, Ostern bis Aug. außerdem Fr–Mi 11.30 bis 14 Uhr, Waasterstigh 19, Tel. 0 46 82/22 45, Kategorie 2*

Friesen-Café
Gemütlich sitzt man in dem Haus von 1745 oder im Garten. Friesentorte und -waffeln sind hier besonders gut. *Weihnachten bis März Sa–Mo 14–18 Uhr, April bis Nov. Sa–Mo 11.30–18 Uhr, Uasterstigh 7*

Likedeeler
Urgemütlich im letzten Haus des Dorfes untergebracht, direkt am Watt. Gute vegetarische und Fischgerichte. Abends kommt man auch gern auf ein Bierchen oder einen Punsch. *März-Mai und Sept., Okt. Fr–Mi 17–23 Uhr, Juni–Aug. Fr bis Mi 15–23 Uhr, Stianoodswai 29a, Steenodde, Tel. 0 46 82/7 77, Kategorie 2*

Nautilus
Große Auswahl von Gerichten unter 20 Mark. Bei schönem Wetter wird im Garten serviert. *Do–Di 12–21 Uhr, Uasterstigh 17, Tel. 0 46 82/7 40, Kategorie 3*

Preesters Hues
Hier wohnte einst der Sohn des berühmten Inselpriesters Mechlenburg. Heute ißt man hier gut, vor allem Bratkartoffeln, und bekommt ein gepflegtes Pils. *Mitte März–Mitte Nov. Di–So 12.30–14 und 17.30–23 Uhr, Waasterstigh 17, Tel. 0 46 82/5 06, Kategorie 2*

Seekiste
★ Für viele der behaglichste Treffpunkt und die beste Küche der Insel. Entsprechend schwer

ist ein Platz zu ergattern. *15. Feb. bis 20. Nov. Di–So 17.30 bis 22.30 Uhr, Smaaljaat 2, Kategorie 2*

EINKAUFEN

Handwerkshüs + Töpfern
Geschmackvolle Arbeiten aus eigener Töpferwerkstatt. *15. März bis Okt. Mo–Fr 10–12 und 16–18 Uhr, Smäswai 24, Tel. 0 46 82/22 21*

Insel Weberei
Hochwertige Bekleidung aus Handwebstoffen, Stoffe, Decken und Tücher aus eigener Werkstatt. *Dez. und März–Ende Okt. Mo–Fr 10–12.30 und 14.30–18 Uhr, Sa 10–12.30, Waasterstigh 22*

HOTEL

Haus Tanja
Behagliches Hotel garni in sehr ruhiger Lage im Ortsteil Süddorf. 8 Zi. *Neistigh 2, Tel. 0 46 82/7 85 und 8 85, Fax 18 08, Kategorie 3*

SPORT UND STRÄNDE

Zum feinen Sandstrand sind es vom Ortskern gut 1,5 km.

Reiten
Ponyhof Süddorf: Ausritte für Kinder und Jugendliche. *März–Okt., Anmeldung tgl. 15–17 Uhr, Uasterstigh (Ortsende), Tel. 0 46 82/15 85*

Reiterhof Jensen: Ausritte und Unterricht auf Pferden und Kleinpferden, Kutschfahrten. *Ostern bis Okt., tgl. 9–13 und 15–18 Uhr, Waasterstigh 6a, Tel. 0 46 82/20 30*

AUSKUNFT

Kurverwaltung
Allgemeine Information, Zimmernachweis. *April–Okt. Mo–Fr 9–16 Uhr, Sa 11–12 Uhr, Nov. bis März Mo, Di, Do, Fr 9–12 und 14–16 Uhr, Mi 9–12 Uhr, 25947 Nebel, Hööwjaat 1a, Tel. 0 46 82/ 8 81, Fax 29 99*

Amt Nebel
Fundbüro für alle Orte. *Mo–Fr 8–12, Mo und Do 14–16, Strunwai 5, Tel. 0 46 82/8 41*

NORDDORF

Norddorf (625 Ew.), vermutlich im 13. Jh. entstanden, bietet sehr unterschiedliche Eindrücke, die die Geschichte des Ortes widerspiegeln. Bis im Jahre 1890 der Fremdenverkehr durch die Bodelschwinghschen Hospize und das ein Jahr später gegründete Seepensionat Hüttmann Einzug hielt, war Norddorf eine ärmliche Gemeinde mit nur etwa 40 Häusern. Einige alte Friesenhäuser erinnern an dieses kleine Dorf. Daneben ist durch die ersten großen Touristenbauten, das schöne Hotel Hüttmann und die Hospizgebäude, etwas vom Charme des klassischen Seebades der Jahrhundertwende erhalten geblieben. Dazwischen stehen Bauten aus allen Jahrzehnten dieses Jahrhunderts. Aber alles zusammen ergibt ein ganz eigenes, durchaus harmonisches Ortsbild.

Mehrfach zerstörten verheerende Brände das Dorf. Als zuletzt 1925 etliche Häuser abbrannten, wurden die wiedererbauten Friesenhäuser sicherheitshalber mit Hartdächern versehen. Heute stehen alte Reetdachhäuser fast nur noch im östlichen Teil des Dorfes. In Richtung Strand wird das Bild durch moderne Häuser und eine Fußgängerzone bestimmt.

Auch das einst so biedere Norddorf sorgte Anfang des Jahrhunderts für einen Skandal. Die Familie Hüttmann hatte auf einem eigenen Grundstück eine kleine Kapelle für die katholischen Gäste bauen wollen und wurde vom Landrat in Tondern dazu verdonnert, den angefangenen Bau einzustellen. Zu den dann im Hüttmanschen Gartenhaus abgehaltenen Gottesdiensten waren dann nur Hausgäste zugelassen. Die norddeutsche Intoleranz sorgte für heftige Schlagzeilen im ganzen Land. Besonders hoch schlugen die Wellen der Empörung im katholischen Bayern. (A 3)

BESICHTIGUNG

Vogelschutzgebiet Odde

★ Bei einer Führung des Vogelwartes können Sie den Nordzipfel der Insel kennenlernen. Mit Odde wird nämlich eine ins Meer ragende Landzunge bezeichnet. Diese ist ein Vogelparadies und steht unter Naturschutz. *Mai–Okt. Di–So 10 Uhr, Treffpunkt Vogelwarthaus auf der Wattseite hinterm Seehospiz.* An der Odde starten auch die 8 km langen Wattwanderungen nach Amrum.

RESTAURANTS UND CAFÉS

Eiscafé Cappuccino

Kaffee und selbstgemachtes Eis machen dem Namen Ehre. *März–Okt. tgl. 11–22.30 Uhr, Strunwai*

Graf Luckner

Gutbürgerliche Küche und prima Service. Zu dem renommierten Familienbetrieb gehört auch das gleichnamige Hotel (18 Zi., *Kategorie 1) 25. Dez.–Ostern und Sept., Okt. Do–Mo, Ostern–Aug. Do–Di 17.30–21.30 Uhr, Madelwai 4, Tel. 0 46 82/9 45 00, Fax 94 50 37, Kategorie 2*

Jever-Deel

Hier können Sie »Jan im Sack« oder »Großer Hans« essen, alte friesische Gerichte. Die Portionen sind groß, der Andrang auch, deshalb sollte man einen Tisch reservieren. *April–Okt. tgl., Nov. bis Feb. Mi–So 12–13.30 und 18 bis 21 Uhr, Strunwai 13, Tel. 0 46 82/92 10, Kategorie 2*

Pesel

Wer richtig fein essen will und zwischen Vorspeise und Hauptgericht etwas Geduld hat, ist hier bestens aufgehoben. Eine reichhaltige Weinkarte ist ebenfalls vorhanden. 5 schöne Doppelzimmer. *15. Dez.–Nov. Di–So 17.30 bis 24 Uhr, Nei Stich 16, Tel. 0 46 82/ 24 74, Fax 41 58, Kategorie 1*

Café Schult

Drinnen sitzt man beim besten Kuchenbäcker Amrums schön plüschig, im Sommer draußen unter Bäumen. *15. März–Okt. tgl. 9–18 Uhr, Nov.–14. März Di–So 14–18 Uhr, Ual Saarepswai 9*

Ual Öömrang Wiartshüs

Besonders schön sitzt man in der Blauen Stube. Für »Omas Fischpfanne« mit geschmorter Birne kommen Gäste sogar von Föhr herüber. Rechtzeitige Tischreservierung empfehlenswert. 10 gepflegte Hotelzimmer im selben Haus *(Kategorie 1). Nov.–März Fr bis Di, April bis Okt. tgl. 11–14 und 17.30–23 Uhr, Bräätlun 4, 25946 Norddorf, Tel. 0 46 82/8 36, Fax 14 32, Kategorie 2*

EINKAUFEN

Friesische Heimkunst
Holländische Fliesen mit alten Motiven. *März–Okt. Mo–Fr 9–12 und 15–18 Uhr, Sa, So 10–12 Uhr, Strunwai 12*

Fussel
Schöne Wolle, ausgefallene Knöpfe. *März–Okt. Mo–Fr 10–12 und 16–18 Uhr, Sa. 10–12 Uhr, Strunwai 13*

C. Rickmers
Schmuck, teilweise aus eigener Werkstatt und sportliche Mode. *Mo–Fr 9–12 und 15–18 Uhr, Sa 9–12 Uhr, Lunstruat 1*

HOTELS

Hotel Hüttmann
Größtes und renommiertes Hotel Amrums mit 100jähriger Tradition. Feines Restaurant, Bistro, Bar. 76 Zi., Appartements. *Mitte Feb. –Ende Nov. und 25. Dez.–Mitte Jan., Ual Saarepswai 2–6, 25946 Norddorf, Tel. 0 46 82/92 20, Fax 92 21 13, Kategorie 1*

Seeblick Appartement-Hotel
Liebevoll individuell gestaltete Räume in einem engagiert geführten Haus. Erlebnisschwimmbad, Whirlpool, Sauna. 22 Zi, 16 Appartements, 5 Suiten. *Strunwai 13, 25946 Norddorf, Tel. 0 46 82/ 92 10, Fax 25 74, Kategorie 1*

Pension Sturmmöwe
Ein familiäres und angenehmes Haus. 13 Zi. *Nei Stich 15, 25953 Norddorf, Tel. 0 46 82/5 78, Fax 41 31, Kategorie 2*

SPORT UND STRÄNDE

Auch in Norddorf ist der Sandstrand fein und breit.

Meerwasserschwimmbad
Beheiztes Freibad mit kleinem Hallenbecken. *Mai–Sept. tgl. 10 bis 17 Uhr, April und Okt. nur drinnen Mo–Fr 10–16 Uhr. Am Weg zum Strand*

Surfen
Die Westküste Amrums ist ein ideales Revier. Surfschulen: *Boyens, Tel. 0 46 82/5 45,* und *Martinen, Tel. 0 46 82/24 40, beide am Norddorfer Badestrand*

Tennis
Buchungen möglich bei: Kurverwaltung für 2 Außenplätze *(Ual Saarepswai 7, Tel. 8 11),* Hotel

Gesunde Kurorte

Wenn die Amrumer einen Arzt brauchten, mußten sie nach Wyk auf Föhr reisen oder den Doktor von dort holen. Da die Schiffe von der Tide abhängig waren, konnte es lange dauern, bis eine Behandlung möglich war. Als im Winter 1889 das Wattenmeer vereist war, konnte der Föhrer Doktor lange überhaupt nicht kommen, und auf Amrum starben deshalb etliche Kinder. Erst 1900 kam mit den Kurgästen auch eine regelmäßige ärztliche Versorgung. Heute gibt es mehrere Ärzte und einen Zahnarzt auf der Insel. Und in dringenden Fällen bringt ein Hubschrauber Patienten in ein Krankenhaus auf Föhr oder dem Festland.

Makrelenfischer auf Amrum

Wellkimmen für 1 Außenplatz *(Degelk 7, Tel. 572)*, Hotel Seeblick für 2 Hallenplätze *(Strunwai 13, Tel. 92 10)*

AM ABEND

Lichtblick

Kino mit bis zu 18 verschiedenen Filmen pro Woche und numerierten Plätzen. Tel. Reservierung möglich. *März–Okt., Triihuk 1, Tel. 0 46 82/9 62 00*

AUSKUNFT

Kurverwaltung

Allgemeine Information (Veranstaltungshinweise) und Zimmernachweis sowie Fundbüro. *Mai bis Sept. Mo–Fr 9–12 und 13–17 Uhr, Sa 10–12 Uhr, Okt.–April Mo–Fr 9–12 und 14–16 Uhr, Ual Saarepswai 7, 25952 Norddorf, Tel. 0 46 82/8 11, Fax 17 95*

ZIEL IN DER UMGEBUNG

Vogelkoje

Zwischen Norddorf und Nebel sind zwei Pfeifen der Vogelkoje so wiederhergestellt worden, daß Besucher gut erkennen können, wie hier und in anderen Kojen einst Enten gefangen wurden. Im Frühjahr sind die hier zahlreichen Vögel mit ihren Jungen zu sehen. Neben der Koje gibt es ein kleines Wildgehege. In einem großen Dünental, einige Schritte entfernt, wurden Anfang der 70er Jahre Reste eines kimbrischen Dorfes aus der Zeit um Chr. Geburt gefunden.

KERSTIN I
KERSTIN
FRIE-KOOG

Die grüne Insel im Wattenmeer

Eine kleine Hafenstadt, urige Dörfer, Geest, Marsch und schöne Strände

Fast rund und küstennah im Wattenmeer gelegen, durch die vorgelagerten Sände, die Halligen Langeneß und Oland im Südosten und Amrum und Sylt im Westen geschützt, hat Föhr einen begünstigten Platz. Wind und Wellen sind hier abgeschwächt, und das bekommt den Menschen, aber auch der vergleichsweise üppigen Vegetation sehr gut. Alte Bäume sind geradezu eines der Markenzeichen der lebendigen kleinen Stadt Wyk geworden.

Das 82 Quadratkilometer große Föhr teilt sich geographisch in das flache und fruchtbare Marschland der nördlichen Hälfte und die höher liegende, seit vielen Jahrhunderten besiedelte Geest der südlichen Hälfte. Die Landkarte zeigt noch heute, daß alle Orte der Insel auf dem flutsicheren, nicht sonderlich fruchtbaren sandigen Geestrücken im Süden und Westen entstanden. Obwohl der 22 km lange Deich seit 500 Jahren die Marsch im Norden von Wyk bis Utersum vor Überschwemmungen schützt, gibt es in diesem tiefliegenden Gebiet, das mehr als die Hälfte Föhrs ausmacht, nur vereinzelt Häuser. Wer hier durch die Felder und Wiesen radelt, kann leicht den Eindruck gewinnen, Menschen und Tiere hätten sich die Insel fair geteilt. In der Marsch weiden Kühe und Schafe, und ziemlich ungestört leben hier zahlreiche Vogelarten, während die Menschen sich meist südlich der Straße von Wyk über Midlum, Oldsum bis Dunsum aufhalten. In den letzten 30 Jahren siedelten zwar etliche Bauernhöfe in die Marsch aus, aber das hat das Bild der Insel nicht grundsätzlich verändert, auf der Landwirtschaft neben dem Fremdenverkehr nach wie vor wichtige Erwerbsquelle ist. Vor allem werden Rinder und Schafe gezüchtet, es wird ein bißchen Getreide angebaut, und im Mai leuchten auf der Insel die blühenden Rapsfelder.

Lange Zeit war Föhr auch politisch geteilt. Osterland, die östliche Hälfte von Wyk bis Nieblum, war Teil des Herzogtums Schleswig, während Westerland,

Fischerhafen in Wyk auf Föhr. Hier sind die Schiffe der Wyker Dampfschiffs-Reederei beheimatet

die westliche Hälfte Föhrs und Amrum von etwa 1400 bis 1864 zu Dänemark gehörten. Diese jahrhundertelange politische Teilung ist bis heute daran zu erkennen, daß sich auf Föhr zwei ähnliche, aber doch deutlich unterschiedliche Mundarten des Friesischen herausgebildet haben. Auf Westerland-Föhr wird immer noch Friesisch gesprochen, während in Wyk Plattdeutsch vorherrscht. Die Teilung hatte auch, zumindest aus heutiger Sicht, kuriose Seiten. So hätten die Westerlandföhrer in den 20er Jahren des letzten Jahrhunderts fast einen Deich mitten durch die Insel gebaut, weil die Osterlandföhrer den Deichbau schlampen ließen, eine Sturmflut aber nicht zwischen Osterland und Westerland unterschieden, sondern die ganze Marsch überschwemmt hätte. Schließlich konnten sich die Föhrer aber doch einigen.

Jedes Jahr kommen rund 180 000 Urlauber auf die Insel, dazu noch einmal fast so viele Tagesgäste. In den Sommermonaten ist es zwar manchmal gar nicht so leicht, einen Platz im Café oder Restaurant zu bekommen, aber meist hat man trotzdem nicht das Gefühl, die nach Sylt zweitgrößte Nordfriesische Insel platze aus allen Nähten. Vor allem in den Dörfern bleibt es auch in der Hochsaison herrlich ruhig. Durch die Föhr vorgelagerten Inseln Amrum und Sylt und durch die breiten vorgelagerten Sände kommen Nordseewind und -wellen hier schon ein bißchen gebremst an. Das wissen besonders Eltern zu schätzen, die ihre Kleinen unbesorgt am Strand spielen und baden lassen können. Die Kurverwaltungen,

MARCO POLO TIPS FÜR FÖHR

1 Dr. Carl Haeberlin-Friesenmuseum
Kleines, feines Heimatmuseum in Wyk (Seite 49)

2 St. Laurentii
Romanische Kirche in Süderende und »sprechende« Grabsteine (Seite 59)

3 Nieblum
Jahrhundertealte Reetdachhäuser unter Ulmen (Seite 53)

4 Sandwall
Alte Promenadenherrlichkeit, Geschäfte und Cafés in Wyk (Seite 49)

5 Stellys Hüüs
Vielseitiger Familienbetrieb mit Museum im schönen Oldsum (Seite 59)

6 Erdbeerparadies
Vielseitiger Szene-Treff in Wyk (Seite 52)

7 Carl-Häberlin-Straße
Kapitänshäuser in der einzigen historischen Straße Wyks (Seite 48)

8 Dorfmuseum
Hier wird das einstige Leben auf dem Lande anschaulich (Seite 57)

viele Vermieter und Gastronome haben sich darauf eingestellt. Es gibt zahlreiche Spielangebote, kaum ein Restaurant ohne Kinderteller und Hochstühle, und viele Ferienwohnungen mit Kinderzimmern.

Die ersten Bewohner Föhrs kamen vermutlich 2000 Jahre v. Chr. aus Jütland. Das bezeugten die Megalithgräber, von denen allerdings nur noch eines, *Sunbereg,* bei Utersum zu erkennen ist. Aus der Bronzezeit (1600 bis 600 v. Chr.) sind dagegen etliche Grabhügel erhalten.

Aus der Wikingerzeit stammt die Lembecksburg. Es ist nicht klar, ob die Ringwallanlage aus dem 9. Jahrhundert den Friesen als Zufluchtsort vor den Wikingern diente oder von diesen selbst angelegt wurde. Benannt wurde die Burg im 14. Jahrhundert nach dem Ritter Klaus Limbeck, der sich hier gegen den dänischen König verschanzt haben soll. Limbeck hatte die Inselbewohner als königlicher Statthalter durch schlimme Tyrannei in Angst und Schrecken versetzt und sollte deswegen von der königlichen Armee dingfest gemacht werden.

Das Nordseebad Wyk wurde 1819 gegründet und sein 175. Geburtstag wurde 1994 mit viel Begeisterung begangen.

Das ideale Verkehrsmittel auf Föhr ist das Fahrrad. Die Höhenunterschiede sind gering, und neben den Hauptstraßen gibt es zahlreiche, für Radler ideale, asphaltierte Versorgungswege. Die Entfernungen zwischen den Dörfern sind per Zweirad bequem zu überwinden. Wer allerdings gegen den Wind strampeln muß, kann trotzdem ganz schön ins Schwitzen kommen. Aber selbst das ist genausowenig ein Argument gegen das Rad wie dräuende Regenschauer. Wem es einmal zu zugig oder zu feucht werden sollte, der kann einfach an der nächsten Haltestelle auf den Bus mit angehängtem Fahrradwagen warten. Von Ende Mai bis Ende Oktober verkehren sie von 9 bis 19 Uhr stündlich oder zweistündlich, im Winter siebenmal täglich.

Von Wyk über Nieblum bis nach Utersum zieht sich der 15 km lange schöne Sandstrand hin. Baden können Sie hier fast überall. Daß der Strand teilweise künstlich entstanden ist, mindert das Vergnügen keineswegs, aber auch daran wird deutlich, daß es auf Föhr keine ernstzunehmenden Dünen gibt. Bewachte Strandabschnitte gibt es in Wyk, Nieblum, Goting und Utersum.

Auf Föhr haben viele Geschäfte am Mittwoch nachmittags geschlossen.

WYK

Mit der Fähre von Dagebüll erreicht man nach nur 45 Minuten den Hafen an der geschützten Ostseite der Insel. Bevor die Fähre tutend vor dem Anleger dreht, bekommt man als erstes die einzigen gravierenden Bausünden zu sehen: Neben dem alten Stadtkern von Wyk stehen einige häßliche mehrstöckige Kästen, die allerdings von See aus unangenehmer wirken als im Ort selbst.

Der Ort in der Bucht, so lautet die Übersetzung von *in de Wiek,* ist spät, nämlich um das Jahr 1600 entstanden, und hat erst eine eigene Kirche, seit Boldixum samt

Galionsfigur, Friesenmuseum Wyk

Sankt-Nicolai-Kirche zu Wyk gehört.

Wyk ist im Sommer eine lebendige kleine Stadt mit angenehmer Atmosphäre. Zu den rund 4500 Einwohnern kommen dann bis zu 12 000 Urlauber und viele Tagestouristen. Es gibt zwar nur wenige Häuser, die älter sind als dieses Jahrhundert, aber viele hübsche kleine Villen, schöne Gärten und herrliche Bäume. Der Sandwall ist Kurpromenade und Flaniermeile in einem. Viele Tagesbesucher kommen über ihn kaum hinaus, dabei sind die Straßen in den Wohnvierteln wirklich einen Spaziergang wert. Und ab und zu trifft man dabei auf unvermutete Attraktionen. Im Wäldchen zwischen Feld- und Badestraße gibt es beispielsweise ein Freigehege für allerlei Getier, das hier in der Wildtier-Notaufnahmestation gesundgepflegt wird. Man kann in aller Ruhe viele der Vögel betrachten, die man sonst gar nicht oder nur flüchtig zu Gesicht bekommt. (D3)

BESICHTIGUNGEN

Carl-Häberlin-Straße

★ Zwei schlimme Brände zerstörten 1857 und 1869 große Teile Wyks. Vom historischen Ortskern hat nur diese Straße mit den bescheidenen Kapitänshäusern Feuer und Abrißbirne intakt überlebt. Sie steht deshalb unter Denkmalschutz.

Hafen

Hier ist immer etwas los, denn hier stehen im Sommer täglich mehr als 15 an- und abfahrende Fährschiffe auf dem Fahrplan. Nur wenige Schritte von den Anlegeplätzen entfernt residiert die Wyker Dampfschiffs-Reederei, wo Sie Fahrkarten für Ausflüge kaufen oder die für Ihre Rückfahrt bestätigen lassen müssen, falls Sie mit dem Auto gekommen sind.

Vom Fähranleger in Richtung Innenstadt passiert man ein hohes Tor, das bei Sturmflut geschlossen werden kann. Gegenüber erinnert ein Pfahl an die verheerenden Fluten der Vergangenheit. An diesem Pfahl aus Teakholz sind die Sturmfluthöhen der letzten 170 Jahre durch Metallbänder markiert. Am höchsten stieg das Wasser bei der Flut von 1825, nämlich 4,67 m über NN (Normalnull). Und wer sich umschaut, kann erahnen, was das für den Ort bedeutet haben muß. In dem kleinen Yachthafen hinterm Deich können auch Besucherboote vor Anker gehen. *Auskünfte erteilt der Hafenmeister Tel. 0 46 81/50 04 30.*

Glockenturm

1886 wurde der Grundstein für den dritten Glockenturm an dieser Stelle gelegt, weil auch der zweite einem Sturm zum Opfer gefallen war. Manchem Betrachter mag er etwas unnütz erscheinen, da doch weit und breit keine Kirche steht. Das aber war genau der Grund für den Turmbau. Denn durch ihn konnten die Wyker mit einer Glocke vor Sturmflut oder Feuer gewarnt und zum Kirchgang gerufen werden. Denn die Glocken von St. Nicolai in Boldixum können sie nur hören, wenn der Wind günstig steht. *Ecke Große Straße/Mittelstraße*

Mühle Venti Amica

Dieser Galerieholländer, Freundin des Windes genannt, wurde 1879 erbaut. Die Föhrer Heimatdichterin Stine Andresen (1849 bis 1927) lebte hier mit ihrem Mann, dem Müller, von 1879 bis 1896. Die Mühle ist Privatbesitz und nur von außen anzuschauen. *Mühlenstraße 33*

Sandwall

★ Auf ihre Zeit als königliche Sommerfrische sind die Wyker immer noch stolz, und ihr verdanken sie auch ihre feine Promenade, den Sandwall. Zwischen Geschäften, Cafés und Hotels ist immer mal wieder ein Stück zum Meer hin unbebaut und erlaubt zwischen den vom dänischen König den Wykern einst geschenkten Ulmen schöne Aussichten auf Halligen, Wasser, Badestrand und die beiden alten Anlegebrücken. Wenn man dann vor dem Musikpavillon einem Kurkonzert lauscht, spürt man etwas von der alten Strandpromenadenherrlichkeit.

Dazu paßt auch der Besuch des Walzerkomponisten Johann Strauß. Allerdings schrieb er am Sandwall 1879 keinen Walzer, sondern seine »Nordsee-Bilder«.

Da, wo die Promenade einen Knick nach Westen macht, steht der bescheiden wirkende aber kräftig blinkende Leuchtturm von Wyk.

Vom Sandwall gehen die Große Straße und die Mittelstraße ab, in denen es gleichfalls zahlreiche Geschäfte und Restaurants gibt und man beim Schlendern weder durch Autos noch durch Radfahrer behindert wird. In der Großen Straße 16 erinnert eine Tafel an den Besuch des Märchendichters Hans Christian Andersen, der 1844 als Gast des dänischen Königs in Wyk war.

St. Nicolai

Im Westen des Ortsteils Boldixum steht der imposante spätromanische Ziegelsteinbau, der 1240 zum ersten Mal urkundlich erwähnt wurde. Schauen Sie sich den Altar von 1643 von Johann von Stedesand, den Taufstein aus dem 13. Jh. und die Orgel von 1735 an. Auch auf diesem Friedhof stehen viele »sprechende« Grabsteine, die Geschichten aus alter Zeit erzählen. *Nov.–15. März Mo–Sa 8–12 Uhr, Mo–Fr 13 bis 16.15 Uhr, 15. März–Okt. Mo bis Sa 8–16.15 Uhr, So 11–16.15 Uhr, Führungen: Pfingsten-Sept. Mo 17 Uhr mit halbstündigem Orgelkonzert*

MUSEUM

Dr. Carl Haeberlin-Friesenmuseum

★ Hier können Sie nachvollziehen, wie aus Seetorf Salz gewonnen wurde, eine vollständige Goldschmiedewerkstatt aus dem letzten Jh. betrachten und durch das Haus Olesen, dem ältesten der Insel aus dem Jahre 1617, gehen. Es stand einst in Alkersum, wurde dort zerlegt und neben dem Museum genauso wiederaufgebaut. Eine Bockmühle von der Hallig Langeneß steht auch auf dem Gelände, und am Eingang zum Museum bildet ein Walkiefer ein Tor besonderer Art. *März–Okt. Di–So 10–17 Uhr, Nov.–Feb. Di–So 14–17 Uhr, Rebbelstieg 34, Eintritt 5 Mark, Kinder 2,50 Mark, Familien 12 Mark*

RESTAURANTS UND CAFÉS

Alt Wyk
Besonders gemütlich sitzt man im Pesel. Das Essen ist allerdings in allen Räumen hervorragend. Gute Weinkarte. *März–Mitte Nov. und Dez. Mi–Mo 17.30–23 Uhr, So und an Feiertagen außerdem 11.30 bis 14 Uhr, Große Straße 4, Tel. 0 46 81/32 12, Kategorie 2*

Atlantis Stube
Im Kurhotel können Sie auch fein speisen, wenn Sie anderswo wohnen. Spezialität: Hummer. Kaffeeterrasse. *März–Mitte Jan. tgl. 18–23 Uhr, Ostern–Ende Aug. außerdem tgl. 12–14 Uhr, Sandwall 29, Tel. 0 46 81/22 99, Kategorie 1*

Die 13
Restaurant und Café in einem denkmalgeschützten Haus von 1889. Bei schönem Wetter kann man in der malerischen autofreien Straße sitzen, was besonders Eltern schätzen, zumal ihre Kinder auch mit Spielzeug versorgt werden. Spezialitäten: Süße und salzige Pfannkuchen, Eiergrog. *Mitte März–Okt. tgl. 11.30 bis 22 Uhr, Carl-Häberlin-Straße 13, Tel. 0 46 81/16 13, Kategorie 2*

Godewind
Geschmackvolle, gepflegte Einrichtung, gute Küche, freundlicher Service. Terrasse mit Blick auf die Mühle. Spezialität: Wildgerichte. Tischreservierung ratsam. *15. Dez.–Mai und Sept.–15. Nov. Fr–Mi 17.30–23 Uhr, Juni bis Aug. tgl. 11.30–14 und 17.30 bis 23 Uhr, Feldstraße 12, Tel. 0 46 81/ 55 52 oder 33 99, Kategorie 2*

Sommerliches Strandleben in Wyk

Milchbar-Café
Hier können Sie Milchreis und Kuchen essen und gleichzeitig dem Kurkonzert lauschen. *Okt. bis 15. Mai Fr–Mi 10–19 Uhr, 16. Mai–Ende Sept. tgl. 10–23 Uhr, Sandwall 42*

Promenadencafé Die Insel
Bis 12 Uhr gibt's Frühstück. Empfehlenswert: die selbstgemachten Torten und 22 Teesorten. *20. Dez.–6. Jan. 10–18 Uhr, März–Mai und Sept.–Okt. Mi–Mo 10–19 Uhr, Juni–Aug. Mi–Mo 9–22 Uhr, Sandwall 18, Kategorie 3*

Störtebeker
Gemütlich und gesund: Vollkorn-Pizza, (nicht nur) Vegetarisches, Wein aus biologischem Anbau. Separates Nichtraucherzimmer. *Mitte März – Okt. Di–So 11.30–14 und 18–22 Uhr, Wyk-Boldixum, an der großen Kreuzung, Tel. 0 46 81/89 01, Kategorie 2*

EINKAUFEN

Bernsteinhaus
Bernstein, überwiegend aus dem Baltikum, wird in der eigenen Schleiferei bearbeitet und in Zusammenarbeit mit Silberschmieden zu sehr schönen Schmuckstücken verarbeitet. *März–Nov. Mo–Fr 10–12.30 und 14.30–18 Uhr, Sa 10–13 Uhr, Sandwall 54*

Fischmarkt
Hier können Sie neben frischen Krabben und Gemüse auch Schuhe und Tücher, Wolle und allerlei Souvenirs erwerben. *Mitte Mai–Sept. So 10–15 Uhr, am Hafen*

Galerie B
Internationale moderne Graphik. *März–Okt. Mo–Fr 10.30–12.30 und 15–18 Uhr, Sa 10.30–12.30 Uhr, Westerstraße 3*

Schaukelpferd
Große Auswahl an schönem Spielzeug, überwiegend aus Holz. *Mo–Sa 10–12 Uhr, Mo, Di, Do, Fr 15–18 Uhr, Große Straße 6*

HOTELS UND JUGENDHERBERGE

Duus-Hotel
Gepflegtes Haus mit Restaurant nur wenige Schritte vom Hafen entfernt. Ab 7.30 Uhr Frühstück auch für jene, die beispielsweise mit der ersten Fähre angekommen sind. 14 Zi. *März–Nov. und Dez., Hafenstraße 40, Tel. 0 46 81/ 5 98 10, Fax 59 81 40, Kategorie 1*

Kurhaus Hotel
Großzügige Zimmer im alten Kurhaus. Sauna. 33 Zi. *April bis Nov., Sandwall 40, Tel. 0 46 81/ 7 92, Fax 15 91, Kategorie 1*

Kurhotel Atlantis
Haus mit feinem Restaurant. Direkt am Hauptstrand. Viele Zimmer mit Meerblick. Schwimmbad, Sauna. 45 Zi. *Sandwall 29, Tel. 0 46 81/21 99, 22 99, 23 99, Fax 45 45, Kategorie 1*

Jugendherberge
Hier können Sie nur nach schriftlicher Voranmeldung übernachten. *Feb. – 22. Dez., Fehrstieg 41, 25938 Wyk, Tel. 0 46 81/23 55*

SPORT UND STRÄNDE

Die Wyker sind stolz auf ihren schönen langen Sandstrand, der sich vom Hafen bis nach Nieblum zieht. Beim Flugplatz ist ein Stück FKK-Anhängern vorbehalten.

Golf
Zwischen Wyk und Nieblum in der Nähe des Flughafens gibt es einen Platz mit 18 Löchern. Mitspielen kann, wer den Ausweis eines dem Dt. Golfverband angeschlossenen Clubs vorweisen kann. *Tel. 0 46 81/32 77*

Meerwasser-Hallen-Wellenbad
Wird zur Zeit umgebaut und geht voraussichtlich im Dezember 1995 wieder in Betrieb.

Tennis
Zwei Sandplätze. Buchungen nur persönlich. Juli und August Gästeturniere. *Mai–15. Okt. tgl. 8 bis 21 Uhr, Mühlenstraße, Tel. 0 46 81/ 27 83; Hallenplätze: Rugstieg, Tel. 0 46 81/37 47*

Windsurfing
Die geringe Brandung macht Föhr zu einem guten Revier für Anfänger. *Windsurfing Wyk auf Föhr, Mai–Okt., Südstrand, Höhe Haus des Gastes, Tel. 0 46 81/18 46*

AM ABEND

Billard-Café
Hier treffen sich einheimische und urlaubende Jugendliche zum Billard, zu einer Partie Darts oder Snooker. *Di–So 20–1 Uhr, Koogskuhl 6, Tel. 0 46 81/41 43*

Filmtheater im Kurhaus
Im Sommer nachmittags Kinderfilme. *März–Okt., Sandwall 40, Tel. 0 46 81/13 33, Tel. Programmansage 36 63*

Erdbeerparadies
★ Vielfältige kulturelle Veranstaltungen wie Theater, Kabarett, Live-Musik (Jazz, Blues, Rock) machen das von Insulanern kurz genannte *EP* zu einem Szene-Treff. Hier können Sie auch preiswert essen (Spezialität: Aufläufe), im Biergarten sitzen oder spielen (Billard, Darts, Kikker, Karten, Würfeln, Backgammon). *Ostern – Mitte Okt. tgl. 18 bis 1 Uhr, Biergarten 16–22 Uhr, Mitte Okt. – Ostern Mi–Mo 20–1 Uhr, Ocke-Nerong-Str. 29, Wyk-Boldixum, Tel. 0 46 81/44 83*

Glaube, Liebe, Hoffnung
Die urige Kneipe ist eine Inselinstitution und alle, die sie kennen, nennen sie »Tante Herta«. Frau Herta war bis vor kurzem die Seele der Kneipe, die an Decken und Wänden mit Seemannsmitbringseln aus aller Welt ausstaffiert ist. *Mi–Mo ab 16 Uhr, So und feiertags ab 18 Uhr, Hafenstraße, Tel. 0 46 81/22 72*

Möwe
Bar mit kleiner Tanzfläche für Leute, die sich der Diskothek entwachsen fühlen. *März–Mitte Nov. tgl. 15–1 Uhr, Große Straße 14, Tel. 0 46 81/22 52*

Olympic
Diskothek. *Hauptsaison Di bis So, sonst Mi, Fr, Sa ab 22 Uhr, Koogskohl 6,Tel. 0 46 81/37 44*

AUSKUNFT

Kurverwaltung
Die Kurverwaltungen auf Föhr organisieren vor allem von März bis Okt. zahlreiche Aktivitäten und geben monatlich einen kostenlosen Veranstaltungskalender heraus. Den sollten Sie sich gleich zu Beginn Ihres Urlaubs besorgen. Aus ihm ersehen Sie, wann Kur- und andere Konzerte, Wattwanderungen, Ausflugs-

fahrten, Stadtführungen, Vorträge, Spiele für Kinder und vieles andere mehr stattfinden. Außerdem können Sie hier einen Strandkorb mieten. Nebenan im Amt, Zimmer 5, ist das Fundbüro. *Nov.–März Mo–Do 8.30 bis 17 Uhr, Fr 8.30–16 Uhr, April bis Okt. Mo–Do 8.30–17 Uhr, Fr 8.30–16 Uhr, Sa, So 10–12 Uhr, Hafenstraße 23, Rathaus, Tel. 0 46 81/ 30 52 und 30 53, Fax 30 66*

Zweigstelle Südstrand
Hier gibt es außerdem Fahrkarten für Ausflugsfahrten der WDR. *April–Okt. Mo–Do 8.30 bis 17 Uhr, Fr 8.30–16 Uhr, Sa, So 10–12 Uhr, Badestraße 111, Haus des Gastes, Tel. 0 46 81/30 46*

Zentrale Zimmervermittlung
Mo–Fr 8–17 Uhr, April–Okt. Sa 10–13 Uhr, Hafenstraße 44, gegenüber dem Rathaus, Tel. 0 46 81/ 30 40, Fax 30 68

ZIEL IN DER UMGEBUNG

Wrixum
Wrixum ist mit Boldixum zusammengewachsen. Auch in diesem alten Straßendorf gibt es noch einige sehr schöne alte Friesenhäuser. Die *Wrixumer Mühle,* ein 1851 erbauter Erdholländer, war bis 1960 in Betrieb. Heute beherbergt der Mehl- und Absackboden im Erdgeschoß ein stilvoll eingerichtetes Restaurant *(März–Nov. Mo–Sa 18–22 Uhr, Tel. 04681/8717 oder 5562, Kategorie 2).* Die anderen Böden mit der zum größten Teil erhaltenen originalen Einrichtung können besichtigt werden. Mit etwas Glück kann man samstags auch Hugo begegnen, dem freundlichen Mühlengeist. *Jan., Feb., Nov. tgl. 14–16 Uhr, April – Aug. tgl. 10–12 und 14.30–18 Uhr, März, Sept., Okt. tgl. 10–12 und 15 bis 17 Uhr, Eintritt 2,50 Mark, Kinder 1,50 Mark*

Nur 1,5 km von der Stadt entfernt, aber dafür besonders ruhig wohnt man in der *Pension Arfsten.* Große Zimmer mit eigener Küche und ein schöner Garten. Die vorwiegend älteren Gäste schätzen die Musikabende zum Mitsingen. 28 Zi., zum Teil für Nichtraucher *(Ohl Dörp, 25938 Wrixum, Tel 0 46 81/23 31, Fax 47 01, Kategorie 2).* (D 3)

NIEBLUM

Die Nieblumer sind verwöhnt. Sie wohnen in einem ausnehmend schönen Dorf, und das bekommen sie immer wieder bestätigt. Ihr Dorf mit über 60 alten Reetdachhäusern gilt bei Denkmalpflegern als vorbildlich restauriert, wurde mehrfach ausgezeichnet, und vor allem spricht die Zahl der Gäste für sich. Es gibt wohl kaum einen, der nach Föhr kommt und Nieblum nicht gesehen hat.

★ Rund um die Kirche St. Johannis stehen die ältesten Häuser, manche sind über 300 Jahre alt. Im historischen Dorfkern geht und fährt man über Straßen aus Buckelpflaster. An der Hauptstraße, der Jens-Jacob-Eschel-Straße, bilden alte Ulmen und Linden eine schattige Allee. Überhaupt geben die vielen alten Bäume Nieblum eine besondere Atmosphäre. Deshalb war man auch überaus besorgt, als die Holländische Ulmenkrankheit auch hier Schaden anrichtete, der sich zum Glück jedoch in Grenzen halten ließ.

Der kleine Ententeich, die *Meere,* ist fast das ganze Jahr eine Attraktion. Im Sommer der Vögel wegen, im Winter ist er eine prima Schlittschuhbahn.

Der Ortsteil Goting war früher ein eigenständiges Bauerndorf. Heute gibt es nur noch wenige Höfe, sondern vor allem, meist neuere, Ferienhäuser. Den Charme von Nieblum sucht man hier vergebens. Aber die Nähe zum Strand hat natürlich für viele Urlauber einen besonderen Reiz, zumal das Goting-Kliff etwas Besonderes verspricht. Seien Sie nicht enttäuscht, das vom Sand zugewehte Kliff ist nicht sonderlich hoch. Dafür ist der Blick vom Strand aufs Meer hinaus und hinüber nach Amrum um so schöner. (C 3)

BESICHTIGUNGEN

St. Johannis

Die größte Kirche der Insel, auch Friesendom genannt, überwiegend aus Backsteinen erbaut, wurde 1240 zum ersten Mal erwähnt. Von diesem ersten Kirchenbau wurden Granitquader und Tuff wieder verwendet. Das romanische Langschiff wurde im 13. Jh. um Chor, Apsis und Querhäuser erweitert. Sehenswert sind der Flügelaltar aus dem 15. Jh., der Taufstein aus dem 12. Jh., die Kanzel von 1618 mit niederdeutschen Bibelsprüchen, der Sakramentenschrank von 1487 sowie die Grabplatten und -steine im Südquerhaus. Über die 1775 im Alter von 36 Jahren gestorbene Eycke ist hier zu lesen: »Sie wurde zweimal verheiratet. Ihr erster Ehemann ruhet zu ihrer Seite, mit welchem sie den 1.ten Nov. 1762 in den Ehestand getreten und darin 7 glückliche und vergnügte Jahre zugebracht. Nach dessen Absterben verehelichte sie sich mit Harne Petersen. Nachdem sie das Unbeständige und Kummervolle dieses Lebens erfahren und dadurch an ihrem Glauben geläutert wurde, ist sie in den Armen ihres Erlösers entschlafen.« Daneben steht auf der Grabstele ihres ersten Mannes Dirk Cramer: »des weiland wohlachtbaren Capitains aus Nieblum wagete es, vom 17. Jahr an sein Leben der wilden See anzuvertrauen unter vielen Proben der Göttlichen Hilfe von 1755 bis 1762 ein Schiff nach 3 Theilen der Welt zu führen und es ward eine jede Fahrt in VI Jahren mit Segen gecrönet er waget es auf göttlichen Winck sich abwesend zu verbinden mit der tugendsamen Eycke Jensen aus Nieblum ob er sie gleich nie gesehen und siehe es gelang ihm, den er führete vom 1.ten Nov. 1762 fast 7 Jahr in Ruhe die zärtlichste Ehe, er wagte es endlich hoffnungsvoll d. 6. Aug. 1769 über das schwartze Meer des Todes zu schiffen, und siehe er kam glücklich hinüber und anckerte nach einer 44jährigen LebensFahrt in den sicheren Hafen der seeligen Ewigkeit.«

Diese beiden Inschriften sind besonders schöne Beispiele einer Grabkultur, die durch die Lebensgeschichten der Toten wirklich an sie zu erinnern wußte. In Nieblum weiß man übrigens noch heute, daß Eyckes zweite Ehe so kummervoll war, weil Harre Petersen schrecklich viel trank. Außerdem glaubt man, daß die Inschriften eine Ferntrauung dokumentieren. *So–Fr 9 bis 18 Uhr, Kirchenführung: Mitte*

Ehrliche Insulaner

Ein gewisser J. G. Kohl schrieb Anno 1846 über Föhr: »Worüber wir Badegäste zuerst in bewunderndes Erstaunen gerieten, das waren die moralischen Qualitäten, die wir in der Bevölkerung unseres Ortes zu entdecken glaubten. Und diese Entdeckungen fingen bei unseren Stubentüren an, die fast alle samt und sonders keine Riegel und Schlösser hatten." Heute können Sie Ihre Stube oder Ferienwohnung natürlich abschließen. Aber besonders jene, die aus einer Großstadt auf die Inseln kommen, werden die sehr geringe Kriminalität und die nach wie vor herrschende Ehrlichkeit zu schätzen wissen.

Juni – Mitte Sept. Mi 17.30 Uhr, anschließend Orgelführung

RESTAURANTS UND CAFÉS

Café Nieblum
Nachmittags ist hier vor allem Friesentorte gefragt, das übrige Gebäck ist jedoch ebensogut. *20. Dez.–28. Feb. tgl. 14–18 Uhr, März–Nov. tgl. 10.30–22 Uhr, An der Meere, Tel. 0 46 81/55 99, Kategorie 2*

Kliff-Café
Hier gibt's zum hausgemachten Kuchen auch eine schöne Aussicht aufs Meer. *März–Mai und 15. Sept.–Okt. tgl. 11–19 Uhr, Juni–15. Sept. 11–22 Uhr, Klaffwai 61, Goting, Tel. 0 46 81/36 60*

Lohdeel
Im urigen ehemaligen Stall eines Bauernhofes gibt's u. a. gute Bratkartoffeln. *März–Okt. Di–So 11.30–14 und 17.30–22 Uhr, Heidweg 2, Kategorie 2*

Die Webstube
Hier schmecken die Gerichte besonders gut, weil der Koch sich auf exzellente Soßen versteht. *April – Nov. Do–Di 11.30–13.30 und 17.30–22 Uhr. Rundföhrstraße 1, Tel. 04681/688, Kategorie 2*

Witt's Gasthof
In dem traditionsreichen Haus können Sie wohnen (15 Zi.), hervorragend speisen und im Garten unter alten Bäumen Kaffee trinken. Tischreservierung empfehlenswert. *Mai–Sept. tgl. 12–22 Uhr, Okt.–April Di–So 12–14.30 und 18–22 Uhr, Alkersumstieg 4, 25938 Nieblum, Tel. 0 46 81/16 96, Fax 5 04 02, Kategorie 1*

EINKAUFEN

Altes friesisches Theehaus
Große Auswahl in sehenswertem Verkaufsraum. *Mo–Fr 9–12 und 15–18 Uhr, Sa 9–12 Uhr, Jens-Jacob-Eschel-Straße 13*

Föhrer Antiquitäten
Die schönsten Stücke von Alfred Hübners Sammlung alter Öfen und Ofenplatten sind unverkäuflich. Aber auch die zweitschönsten und andere Dinge sind verlockend. *April–Okt. Mo–Fr 10 bis 12 und 14–18 Uhr, Sa 10–12 Uhr, im Winter tel. Anmeldung, Greveningstieg 10, Tel. 0 46 81/82 80*

Galerie Göhring-Zumpe
Uta Göhring-Zumpe stellt ihre eindrucksvollen Bilder aus (Acryl auf Leinen oder Nessel sowie

Altes, reetgedecktes Friesenhaus in Nieblum auf Föhr

Papier). *Juli und Aug. tgl. 10 bis 18 Uhr, Josiaskoog 9*

Galerie Klinger
Mit gutem Sachverstand zusammengestellte Malerei und Graphik aus dem Norden. *April–Okt. Mo–Sa 14–17 Uhr, Kertelheinallee 1, Tel. 0 46 81/15 11*

HOTEL

Timpe-Te
Sehr gepflegtes ruhiges Hotel garni in Strand- und Golfplatznähe. Nichtraucherfreundlich. 10 Zi. *Mai – Okt., Meetsweg/Strandstr., 25938 Nieblum, Tel. 0 46 81/16 31, Fax 5 07 57, Anfragen im Winter Tel. 0 40 /66 00 63/64, Kategorie 1*

SPORT UND STRÄNDE

Ungefähr 10 Minuten geht man vom Ortszentrum zum über 5 km langen Sandstrand. Westlich vom Goting Kliff ist er für FKK-Anhänger reserviert und östlich dürfen auch Hunde mit.

Tennis
Zwei Kunstrasenplätze, *tgl. 8 Uhr bis zur Dunkelheit, Heidweg 17, Tel. 0 46 81/35 54*

Windsurfing-Schule Hückstädt
Mai–15.Okt. tgl. von 3 Std. vor bis 3 Std. nach Hochwasser. Neben dem Parkplatz Heidweg am Strand, Anmeldung Tel. 0 46 81/35 66

AM ABEND

Gaststube Jupp und Hermann
Wer noch etwas später zu zivilen Preisen ein Bierchen trinken will, spaziert nach Goting. *Tgl. ab 19 Uhr, Guatingwai 4, Tel. 0 46 81/89 91*

AUSKUNFT

Kurverwaltung
Zimmernachweis für Nieblum und April–Sept. Zweigstelle der Wyker Dampfschiffs-Reederei, bei der Rückfahrten bestätigt und Ausflüge gebucht werden können. *Nov.–April und 16. Sept.–Okt.*

Mo–Do 9–12 und 14–17 Uhr, Fr 9–12 Uhr, Mai–15. Sept. Mo–Fr 9 bis 17 Uhr, Sa 9–13 Uhr, Juni bis Aug. außerdem So 9.30–12.30 Uhr, Poststrat 2, 25938 Nieblum, Tel. 0 46 81/25 59, Fax 34 11

ZIELE IN DER UMGEBUNG

Ringwall Lembecksburg

Der grasbewachsene Ringwall auf dem Geestkern ist etwa 10 m hoch und bietet eine schöne Rundumsicht. Der 95 m große Burginnenraum ist im Süden geöffnet. Dort war einst vermutlich ein Tor. Die Geschichte der Burg ist noch nicht völlig erforscht. Aber bei Grabungen 1951/52 fand man Hausgrundrisse, Scherben und Gefäße, die zeigten, daß die Burg in der Wikingerzeit (9./10. Jh.) entstanden sein muß. 1362 wurde der Ritter Klaus Limbeck vom dänischen König Waldemar Atterdag zum Lehnsherr von Föhr, Amrum und Sylt bestimmt. Limbeck hat ein so tyrannisches Regiment geführt, daß der König selbst gegen ihn zu Felde zog. Zusammen mit verbündeten Friesen belagerte er die Burg und vertrieb den unedlen Ritter. (C 2)

Wer sich erfrischen möchte, kann in Borgsum im *Café King* einkehren *(Feb.–Dez. tgl. 14–19 Uhr, Mühlenstieg)* und schaut von dort direkt auf die 1991 erbaute nur von außen zu besehende Mühle vis-à-vis. Hungrige stärken sich im *Lembeck's, März–Dez. Mi bis Mo 12–14 und 18–22 Uhr, Taarepswoi 20, 25938 Borgsum, Tel. 0 46 83/3 69, Kategorie 2*

Traumstraße

Von *Goting* über *Witsum und Hedehusum* führt die knapp fünf km lange Traumstraße nach Utersum. Diese leicht hügelige Straße auf dem Geestrücken bietet wirklich wunderbare Aussicht auf Wattenmeer und Dünen. (B/C 3)

In Witsum ißt man sehr gut im *Klaar Kimming (Ostern–Anf. Okt. Mi–Mo 11.30–22 Uhr, eine Tischreservierung ist empfehlenswert, Traumstraße 10, Witsum, Tel. 0 46 83/3 87, Kategorie 2).*

OEVENUM

Es ist ein Vergnügen durch den gut erhaltenen historischen Ortskern zu schlendern. Wer allerdings nur nach Oevenum kommt, um den kleinen Wochenmarkt zu besuchen, bekommt vor lauter Trubel und Gedränge nicht allzuviel von den Häusern zu sehen. An den anderen Tagen ist es hier um die Mittagszeit allerdings so still wie in einem südeuropäischen Dorf während der Siesta. (D 2)

BESICHTIGUNG

Atelier Schröder von Frihling

Ausstellungen eigener und festländischer Arbeiten. Malschule. Im Sommer Ausstellungen junger Talente. *Mo–Fr 15–17 Uhr, Do auch 10–12 Uhr und nach Vereinbarung, Karkenstieg 13, Tel. 0 46 81/29 72*

MUSEUM

Dorfmuseum

★ Durch bewundernswerte private Initiative ist 1993 das kleine Museum entstanden, dessen liebevoll zusammengetragenen Exponate vom Leben und Arbeiten auf dem Lande erzählen. *März–Okt. tgl. 14.30–17.30 Uhr,*

Buurnstrat 48, Tel. 0 46 81/26 73, Eintritt 3 Mark, Kinder 2 Mark

CAFÉ

De ole Theestuv

In einem Reetdachhaus von 1784 werden leckere selbstgebackene Kuchen serviert. *März–Okt. Di–So 14–18 Uhr, Do 10–12 Uhr, Dörpstrat 20*

EINKAUFEN

Wochenmarkt

Mai–Sept. Do 10–12.30 Uhr

Woll-Trine

Effektgarne, Naturwolle und Mode aus Holland. *Okt.–April Mo–Sa 14–18 Uhr, Mai–Sept. Mo, Di, Do, Fr 10–12 und 15–18 Uhr, Mi 10–12 Uhr, Dörpstrat 49*

HOTEL

Landhaus Temme

Das 1993 in einem über 300 Jahre alten ehemaligen Bauernhof eröffnete Hotel mit Restaurant und Biergarten ist im englischen Landhausstil eingerichtet. 16 Zi. *Buurnstrat 49, 25938 Oevenum, Tel. 0 46 81/13 60, Fax 85 76, Kategorie 1*

SPORT

Siegis Reitstall

Für Ausritte, Unterricht und Kutschfahrten stehen Pferde und Ponys zur Verfügung. *Tgl. 9 bis 19 Uhr nach Voranmeldung, Dörpstrat 5, Tel. 0 46 81/81 69 und 45 67*

ZIELE IN DER UMGEBUNG

Nur 1 km nordwestlich liegt das Dörfchen *Midlum* (C/D2), das nicht ganz so malerisch ist, aber auch viele schöne alte Häuser hat. Hier ist der Sitz der Amtsverwaltung Föhr-Land. Einkehren kann man im *Midlumer Krog.* Der klassische Landgasthof ist bei Touristen und Einheimischen jedoch so beliebt, daß viele auch von weither zum Essen kommen *(April – Ende Okt. und Dez. bis 21. Feb. Di–So 11.30–13.30 und 17.30–21 Uhr, an der Hauptstraße Richtunge Alkersum, Tel. 0 46 81/ 27 64, Kategorie 2).*

Nachmittags sind Spaziergänger dann bei schönem Wetter im wiederum 1 km entfernten *Alkersum* (C2) im Garten des Café-Restaurants *Braren* gut aufgehoben *(15. März – 31. Okt. Do–Di 11 bis 22 Uhr, Hauptstraße 1, Alkersum, Kategorie 2).* Alkersum ist auch eine gute Adresse für Reiter. Der *Reit- und Fahrverein Föhr* bietet Ausritte und Unterricht für Fortgeschrittene an und verfügt über Reithalle, Springgarten und Boxen für Gastpferde *(Mo–Sa 9 bis 18 Uhr, Reitweg 13, Alkersum, Tel. 0 46 81/33 94).*

OLDSUM

Die Oldsumer Mühle südöstlich des Dorfes lockt schon von weither zu einem besonders schönen Ort. Mit seinen alten liebevoll gepflegten Reetdachhäusern und Bauerngärten hat Oldsum auch deshalb eine besondere Atmosphäre, weil sich seine Vorzüge noch nicht so weit herumgesprochen haben. Das Angebot für die Urlauber hält sich in bescheidenen Grenzen. Aber wer Ruhe in einem ursprünglichen Friesendorf sucht, wird sich hier wohlfühlen. Im alten Ortskern bietet Oldsum das Bild eines intakten

Friesendorfes. *Klintum* und *Toftum,* einst selbständige Dörfer, sind inzwischen Ortsteile von Oldsum und mit diesem zu einem schönen Straßendorf zusammengewachsen. (C2)

BESICHTIGUNGEN

Mary's Haus
Der Maler Enzian Calvados, der eigentlich Dr. Boskamp heißt und gelernter Chemiker ist, zählt zu den Originalen der Insel. Seine vollständige Berufsbezeichnung gibt er mit »Maler und Sprücheklopfer« an, und viele finden an den farbenprächtigen und kraftvollen Bildern und Sprüchen des Künstlers gleichermaßen Gefallen. *Mi und Sa 15 bis 18 Uhr, sonst, wenn die Tür offen steht oder nach telefonischer Anmeldung, zwischen Mühle und Hauptstraße, Tel. 0 46 83/14 00*

Mühle
Nachdem die alte Mühle 1900 abgebrannt war, wurde der eindrucksvolle Galerie-Holländer erbaut, der bis Mitte der 50er Jahre in Betrieb war und Anfang der 70er Jahre restauriert wurde. Die Mühle kann man aber leider nur von außen besichtigen. *Eemelkels Way*

MUSEUM

Stellys Hüüs
★ Dieser Familienbetrieb allein ist einen Ausflug nach Oldsum wert: Vater Stelly hat aus Erinnerungs- und Fundstücken ein überbordendes kurioses kleines Museum gemacht und alle Exponate witzig und liebevoll beschriftet. Kinder freuen sich über eine Wundertüte und Väter über die Modelleisenbahn. Nebenan, in der ehemaligen Scheune des Friesenhauses von 1837, kann man Tochter Annetta bei der Arbeit an ihren geschmackvollen und preiswerten Töpferarbeiten zuschauen und im Café von Tochter Susanne, bei gutem Wetter auch draußen, köstlichen selbstgemachten Kuchen verspeisen. *April–Okt. Mi–Mo 11.30 bis 18 Uhr. Jahreseintrittskarte für das Museum 2 Mark, für Kinder 1 Mark, Tel. 0 46 83/3 06*

EINKAUFEN

Inge Haferkorn
Handarbeitende Urlauber finden bei Inge Haferkorn ausgefallene Borten, Spitzen, Stickgarne und schöne Naturstoffe. Und wer lieber etwas Fertiges kauft, findet hier auch feine Sachen. *Mitte März–Okt. Mo–Fr 10–12 und 15–18 Uhr, Sa 10–12 Uhr*

SÜDERENDE

Süderende ist ein angenehmes kleines Dörfchen, durch das die meisten Gäste allerdings nur kommen, um die Kirche am Ortsausgang zu besuchen. (B/C2)

BESICHTIGUNG

St. Laurentii
★ Die Kirche ist von den Dörfern für die sie zuständig war und ist, nämlich Hedehusum, Utersum, Dunsum, Oldsum und Süderende, fast gleich weit entfernt. Der romanische Granitquaderbau wurde mit Backsteinen erweitert. Sehenswert sind der Altarschrein aus dem 15. Jh., die romanische Taufe und der wohl

berühmteste Grabstein Föhrs, der des »glücklichen Matthias«, der ausnahmsweise lateinisch beschriftet ist. Glücklich wurde Matthias Petersen gepriesen, weil er als Walfangkommandeur am Fang von 373 Walen beteiligt war. *Tgl. 9–18 Uhr, Süderende, Kirchenführung: Juni–15.Sept. Di 17.30 Uhr, Friedhofsführung (besonders interessant): Juni–15. Sept. Mi 15 Uhr*

RESTAURANTS

Altes Pastorat

Die einzige Nobelgastronomie auf Föhr bietet außer den Hausgästen (5 Zi.) 10 weiteren Personen allabendlich ein 6-Gänge-Menü in einem perfekt restaurierten Reetdachhaus aus dem Jahre 1762. Geraucht werden darf erst nach dem Dessert. Voranmeldung ist erforderlich. *Ostern–Sept., 25938 Süderende, Tel. 0 46 83/2 26 oder 250, Kategorie 1*

Die Scheune

Ländliches Ambiente und schmackhafte Küche ziehen viele Gäste an. Tischreservierung empfehlenswert. *Ostern–Okt. tgl. 12 bis 14 und 18–22 Uhr, Süderende, Tel. 0 46 83/3 11, Kategorie 2*

SPORT

Tennis

Ganzjährig können zwei Hallenplätze und im Sommer zwei Hartplätze draußen bespielt werden. *Tgl. 8–22 Uhr, Süderende, Anmeldung Tel. 0 46 83/3 77*

Wattwanderungen

Kapitän Oluf Jensen, ein waschechter Friese und Seebär, bietet Wanderungen u.a. nach Amrum und zum Festland an. Die Gruppen sind klein und werden ökologisch sowie kulturhistorisch besonders gut unterrichtet. Information: *Tel. 0 46 83/14 18*

ZIELE IN DER UMGEBUNG

Groß-Dunsum

Hier treffen sich die Wattwanderer nach Amrum *(Parkplatz am Deich).* (B 2) Termine für Führungen sind dort angeschlagen und bei den Kurverwaltungen zu er-

Zum Sommer geht's den Schafen an den Pelz: Schafschur auf Föhr

fahren. Der Wattenweg zur Nordspitze Amrums dauert etwa 2 Stunden und darf auf keinen Fall ohne ortskundige Führung unternommen werden! Zurück geht's dann von Wittdün nach Wyk mit der Fähre.

Klein-Dunsum
Nur 1 km nordwestlich liegt dieses Dörfchen, das nur aus wenigen Häusern besteht. (B 2) Hier versteckt sich die urgemütliche *Dänische Theestube.* Neben Tee, Kaffee und Kuchen gibt es kleine, ausgefallene Gerichte. *Ostern bis Okt. Di–So 15–21 Uhr, Klein-Dunsum, Tel. 0 46 83/10 22*

UTERSUM

Der Ort im Südwesten der Insel ist mit seinen vielen neuen Ferienhäusern weniger hübsch als viele andere.

Utersum ist ein anerkanntes Nordseebad und beherbergt, etwas abgelegen am Südrand des Ortes, eine große Rehabilitationsklinik. (B 2)

BESICHTIGUNG

Triibergem
Nur wenige Schritte vom Strand liegen drei Hügelgräber aus der Zeit zwischen 1800 und 500 v. Chr. *Mühlenwarftsweg*

RESTAURANT

Stal Huk
»Hier wird selbst der Landmann satt« lautet die zutreffende Selbsteinschätzung. Mittwochs gibt's friesischen Kohlpudding. *15. März bis Dez. Di–So 11.30–14 und 17.30 bis 23 Uhr, Lung Jaat 1, Tel. 0 46 83/ 8 96, Kategorie 3*

EINKAUFEN

Kramladen
Altes und Neues, Kitsch, Keramik, Petroleumlampen, Messingartikel und Schmuck. *Ostern–Okt. Mo–Sa 10–12 Uhr, Mo–Fr 15 bis 18 Uhr, Lung Jaat 9*

HOTEL

Luisenhof
Das kleine, sehr feine Hotel garni liegt in einem wunderbar restaurierten und eingerichteten Bauernhaus von 1635. 5 Zi. *Poolstich 5, 25938 Hedehusum, Tel. 0 46 83/ 12 21, Fax 12 23, Kategorie 1*

SPORT UND STRÄNDE

Utersum hat einen herrlichen Strand. Von hier sieht man die weißen Dünen der Amrumer Odde und den Leuchtturm von Hörnum auf Sylt mit seinen markanten rot-weißen Streifen.

Tennis
Anmeldung für den Sandplatz hinterm Haus bei *Jensen, Jaardenhug 11, Tel. 0 46 83/7 62*

Windsurfing Föhr
20. Juni.–5. Sept., südlich des Badestrandes, Tel. 0 46 81/22 15

AUSKUNFT

Kurverwaltung Utersum
Allgemeine Informationen, Zimmervermittlung, Veranstaltungstermine und Strandkorbvermietung. *April–Sept. Mo–Sa 9–12 Uhr und Mo–Fr 14–17 Uhr, Okt.–März Mo–Fr 10–12 und 14–16 Uhr, im Haus des Gastes, direkt am Strand, 25938 Utersum, Tel. 0 46 83/3 46, Fax 13 61*

Bauerninsel mit Festlandsanschluß

Weitläufige Köge, fruchtbares Land, Vieh und Vögel stehen hier an erster Stelle

Die 49 Quadratkilometer große Insel ist seit 1907 durch einen 6,4 km langen Damm mit dem Festland nördlich von Husum verbunden. Mitte der 30er Jahre wurde er flutsicher erhöht und zur Straße verbreitert. Nordstrand ist mit dem Auto also bequem zu erreichen. Und das ist auch während des Urlaubs dort gut zu gebrauchen, denn Orte im eigentlichen Sinne gibt es auf Nordstrand nicht, und die Wege zwischen Unterkunft, Badestellen, Einkaufsmöglichkeiten und Sehenswürdigkeiten liegen meist so weit auseinander, daß man schon über eine gute Kondition verfügen muß, um ausschließlich mit dem Fahrrad zurecht zu kommen. Der Linienbus der Insel verkehrt nur einige Male am Tag. Außerdem ist die Route so gelegt, daß man häufig noch einen beträchtlichen Fußweg in Kauf nehmen muß.

Ein Zentrum fehlt der Insel aus historischen Gründen. Nachdem die Insel Strand, zu der auch Pellworm, Nordstrandischmoor und große untergegangene Flächen gehörten, bei der entsetzlichen Sturmflut im Oktober 1634 auseinandergerissen und zu zwei Dritteln untergegangen war, hatten die wenigen Überlebenden weder Kraft noch Mittel Nordstrand wieder einzudeichen. So war die Insel zunächst eine Hallig, auf der einigermaßen sicheres Wohnen nur auf Warften möglich war.

Nordstrand mit seinen saftig-grünen Wiesen und den vielen Schafen

1652 schloß der Schleswigsche Herzog Friedrich III. mit vier Holländern einen Vertrag, der ihnen Nordstrand zu großen Teilen als Eigentum übertrug und sie gleichzeitig verpflichtete, die Insel mit neuen Deichen zu sichern. Für die wenigen Nordstrander, die die Flut überlebt hatten und nicht ausgewandert waren, war das eine bittere Entscheidung, bedeutete sie doch deren Enteignung. Die Holländer sollen sogar um ihr Leben gefürchtet haben, so empört waren die Nordstrander. Viele Einheimische haben die Insel in dieser Zeit verlassen, und mit ihnen verschwand auch die friesische Sprache von Nordstrand. Alltagssprache ist deshalb schon lange Plattdeutsch.

Das Badeleben findet auf Nordstrand am Deich statt: Westerdeich

Nach und nach wurden einzelne Köge, d. h. tiefliegendes landwirtschaftlich nutzbares Marschland, eingedeicht. Und diese Binnendeiche, auf denen auch viele der Häuser stehen, bestimmen noch heute das Bild der Insel. Etliche Straßen verlaufen auf ihnen und bieten schöne Ausblicke auf die Felder und Wiesen ringsum.

Heute schützt der 28 km lange und 8 bis 9 m hohe Seedeich das unter dem Meeresspiegel liegende fruchtbare Land der Köge auch vor starken Sturmfluten.

Im 18. Jahrhundert verkauften etliche Partizipanten, wie die holländischen Herren genannt wurden, ihr Nordstrander Land, vermutlich, weil ihnen die hohen Kosten für die Deichreparaturen nach den Sturmflutschäden nicht mehr rentierlich erschienen. Der preiswerte Verkauf durch Eindeichung neu gewonnenen Landes ließ die Zahl der einheimischen Bodenbesitzer zusätzlich wieder steigen.

Bis in die Gegenwart hat Nordstrand sich durch Neueindeichungen verändert. Erst 1925 wurde der Pohnshallig-Koog im Osten eingedeicht, der die Entfernung zwischen Insel und Festland verringerte.

Nordstrand wird seinen Inselcharakter allerdings mehr und mehr verlieren, denn in den 80er Jahren wurde die Nordstrander Bucht aus Küstenschutzgründen eingedeicht. Der neue, der Beltringharder Koog, ein riesiges Naturschutzgebiet, verbindet Nordstrand in einer Breite von fast 9 km mit dem Festland. Nordstrand hat seine jetzige Form also erst in allerjüngster Zeit erhalten.

Neben den Hoheitsrechten wurde den Holländern seinerzeit auch Glaubensfreiheit verbrieft. Das erklärt die Gründung einer katholischen Gemeinde in der sonst fast vollständig protestantischen Region des 17. Jahrhunderts. Die 1662 errichtete Kirche St. Theresia unterstand dem Erzbischof von Utrecht. Als die Utrechter sich 1723 vom Papst in Rom lossagten, teilten sich die Katholiken auch auf Nordstrand in eine altkatholische und eine römisch-katholische Gemeinde. So hat Nordstrand bis heute als einzige der Nordfriesischen In-

MARCO POLO TIPS FÜR NORDSTRAND

1 **St. Theresia**
Altkatholische Kirche in Süden mit eigenartiger Atmosphäre (Seite 66)

2 **Husum**
Ausflug in die gar nicht graue Stadt Theodor Storms (Seite 69)

3 **Der Pharisäer-Hof**
Im schönsten Café ist der Pharisäer aus der Taufe gehoben worden (Seite 67)

4 **Galerie Lat di Tied**
Schöne Bilder und Skulpturen zu erschwinglichen Preisen in Süden (Seite 68)

seln zwei katholische Gemeinden und eine protestantische, die alle seit mehreren Jahrhunderten außerordentlich aktiv sind. Allerdings gab es zwischen den Altkatholiken, die das Zölibat ablehnen und der Gemeinde größere Mitspracherechte einräumen, und den römischen Katholiken einen über ein Jahrhundert andauernden Streit, der erst durch die allgemeine Religionsfreiheit 1864 und zwei Jahre später durch den Bau einer Kirche für die römischen Katholiken abflaute. Noch heute ist die damals gegründete katholische Schule die einzige in Schleswig-Holstein.

1771 wurde der Elisabeth-Sophien-Koog von Graf Desmercieres eingedeicht und nach dessen Frau benannt. Der Graf wollte vor allem den Einheimischen Landbesitz ermöglichen und verkaufte zu sehr günstigen Bedingungen. Bis heute ist der Elisabeth-Sophien-Koog eine eigenständige Gemeinde.

Nordstrand hat rund 2500 Einwohner und fast ebensoviele Gästebetten. Die Insel ist seit 1991 anerkanntes Seeheilbad und verfügt über ein modernes Kurmittelhaus und ein Schwimmbad. Am 1958 gebauten tideunabhängigen Hafen Strucklahnungshörn legen die Pellwormfähren und Ausflugsschiffe an.

Bis 1868 lag der einzige Hafen Nordstrands auf England. Der schmalen Durchfahrt wegen nannte man den Flecken enges Land, daraus wurde dann England. Und immer wieder stehen Touristen belustigt vor dem Straßenschild mit der Aufschrift: England 1 km. Als der benachbarte Morsumkoog 1866 eingedeicht wurde, war es dann vorbei mit dem Hafen England.

Die Landwirtschaft ist auf Nordstrand nach wie vor die wichtigste Erwerbsquelle. Das Land ist so fruchtbar, daß seine Bewohner selbst in der Hochzeit der nordfriesischen Seefahrer Bauern blieben. Die blühenden Raps- und wogenden Kornfelder sind auch für die Urlauber ein schöner Anblick. Auf den Deichen und im Vorland grasen Schafe, auf den Weiden in den Kögen Kühe.

Ferienwohnungen und Hotels sind auf Nordstrand vergleichsweise preisgünstig, denn für das ganz große Tourismusgeschäft fehlt eben der Sandstrand. Das

Restaurant-Café Halligblick, beliebter Anlaufpunkt für Tagesausflügler

Angebot an Restaurants und für den täglichen Lebensmitteleinkauf ist gut, zumal der Weg nach Husum nur etwas mehr als 10 km beträgt.

BESICHTIGUNGEN

St. Theresia

★ Die altkatholische Kirche, 1662 von den Niederländern erbaut und 1887 weitgehend umgebaut, wirkt durch ihre warmen Farben und reiche Ausstattung völlig anders als alle anderen Gotteshäuser der Region. Sehenswert sind Altar, Christusgemälde, Taufstein und Tabernakel aus dem 17. Jh. *Tgl. 10–18 Uhr, Süden-Osterdeich* (D 10)

St. Vinzenz

Der großen Flut von 1634 fielen 18 Kirchen zum Opfer. Nur die beiden Pellwormer Kirchen und die aus dem 13. Jh. stammende St.-Vinzenz-Kirche blieben erhalten. Von ihrer ursprünglichen Gestalt ist allerdings nichts mehr zu erkennen. 1889 wurde die Backsteinmauer verblendet und der Glockenturm durch einen Dachreiter ersetzt. Der bei einer Renovierung 1965/66 erneuerte Altarraum hat den Charme der alten Inselkirchen eingebüßt. Sehenswert sind allerdings der spätgotische geschnitzte Altar (um 1480), das Kruzifix an der Südwand (um 1400), der achteckige Taufstein aus Marmor, der im 15. Jh. aus Belgien importiert wurde, und die reichverzierte Kanzel mit plattdeutscher Inschrift, ebenso Grabsteine aus dem 17. Jh., die im Altarraum und an der südlichen Außenwand aufgestellt wurden. *Tgl. 10 bis 18 Uhr, Odenbüll 15* (D 10)

Süderhafen

Wo von 1867 an die Fähren von Husum anlegten, liegen heute bunte Sportboote. (E 11)

RESTAURANTS UND CAFÉS

Gasthof Kiefhuk
Bei Einheimischen und Gästen gleichermaßen sehr geschätztes Restaurant, deshalb ist eine Tischreservierung empfehlenswert. *Sept.–April Mi–Mo, Mai bis Sept. tgl. 11.30–13.30 und 18–21 Uhr, Kiefhuk 4, Tel. 0 48 42/3 27, Kategorie 2* (D 10)

Klöndeel
Spezialitäten sind Bratkartoffeln und Pfannengerichte. Freundliche Bedienung. *März–Jan. Do bis Di 12–22 Uhr, Süden 18, Kategorie 2* (D 10)

Mühlencafé Glück zu
Theoretisch könnte Bäcker Kreutzfeld sein Mehl selbst mahlen, denn die Engel-Mühle von 1889 am Süderhafen ist nach Restaurationsarbeiten wieder voll funktionsfähig. Sie kann nach Voranmeldung besichtigt werden. Im Café gibt's auch kleine Gerichte und sonntags ein Menü. *Mitte Juni–Aug. Di–So 9–21 Uhr, Sept.–Dez. und März–Mitte Juni Di–So 9–18 Uhr, Süderhafen 15, Tel. 0 48 42/2 14, Kategorie 3* (E 11)

Nordstrander Teestuv
Teestube, Restaurant und gemütlicher Treffpunkt in einem. *März–Jan. Mi–Mo 12–14 und 18 bis 21 Uhr, Süden 44, Tel. 0 48 42/ 82 18, Kategorie 2* (D 10)

Der Pharisäer-Hof
★ Schönstes Café der Insel mit einem herrlichen Garten. In diesem Haus ist der Pharisäer aus der Taufe gehoben worden. *Mai–Okt. tgl. 14–20 Uhr, Nov. bis Ostern Sa, So 14–20 Uhr, Elisabeth-Sophien-Koog 3, Tel. 0 48 42/ 3 53, Kategorie 3* (E 10)

Strandcafé Halligblick
Gemütliches Café und Restaurant in einem der wenigen Reetdachhäuser mit Blick auf Nordstrandischmoor. *Jan.–15. Nov. Di–So 11–20 Uhr, Norderhafen 20, Tel. 0 48 42/2 56, Kategorie 2* (D 10)

Zur Nordsee
Zu dem tollen Blick über die Deichkrone schmecken hier Fisch- oder Lammgerichte besonders gut. *April–Okt. Do–Di 9–22 Uhr, Nov.–Feb. wechselnde Öffnungszeiten, Norderhafen 22, Tel. 0 48 42/86 07, Kategorie 2* (D 10)

Rungholt
Rungholt galt lange Zeit als Erfindung. Sagenhaft reich soll der Ort gewesen und zur Strafe für Prasserei und Gotteslästerungen seiner Bewohner von den Fluten der Nordsee verschlungen worden sein. Der Nordstrander Landwirt Andreas Busch ging die Sache akribisch an: Im Wattenmeer bei Südfall waren Kulturspuren zum Vorschein gekommen, die er in jahrzehntelanger Arbeit dokumentierte. Er konnte beweisen, daß Rungholt tatsächlich existiert hat, zwar nicht als unerhört reiche Stadt, aber als vermutlich wohlhabender Hafenort. Reste von Deichen, Gebäuden und Werkzeugen ließen allerdings nur eine teilweise Rekonstruktion des 1362 untergegangenen Rungholt zu. Ein Großteil des Ortes liegt unter der Hallig Südfall.

EINKAUFEN

Galerie Lat di Tied
★ Es lohnt tatsächlich, sich hier Zeit zu lassen, um Bilder, Skulpturen und Schmuck zu betrachten und zu erstehen. *Tgl. 10 bis 18 Uhr, Süden 46* (D 10)

Inseltöpferei
Auf der sehenswerten Eitzenwarft gibt es u.a. Vogelscheuchenköpfe aus Ton. *Ostern bis 15. Okt. tgl. 10–18 Uhr, Trendermarsch-Weg 10* (D 11)

Nordstrander Töpferei
Schöne Keramik nach alter friesischer Art. *Tgl. 9–18 Uhr, Süden 44* (D 10)

Schäferei Baumbach
Lammfleisch aus eigener Schlachtung, Lammwurst und Schinken, Schafskäse. *Tgl. 8 bis 12.30 und 14–18 Uhr, Pohnshalligkoogstraße 1 (direkt am Damm), Tel. 0 48 42/4 95, Fax 6 80* (E 10)

HOTELS UND CAMPING

Appartement Hotel Christiansen
Großzügige, sehr freundlich eingerichtete Zimmer, zum Teil mit Pantry ausgestattet. 14 Zi. *Am Ehrenmal 10, 25845 Nordstrand, Tel. 0 48 42/82 12, Fax 13 49, Kategorie 2* (D 10)

Hotel England
Nette Zimmer im Nachbarhaus des dazugehörigen Restaurants. 8 Zi. *England 46, Tel. 0 48 42/10 75, Fax 1344, Kategorie 3* (D 10)

Landgasthof Kelting
Überwiegend modernisierte Zimmer. Restaurant und Kegelbahn. 19 Zi. *Herrendeich 6–10, 25845 Nordstrand, Tel. 0 48 42/3 35, Fax 83 55, Kategorie 2* (D 10)

Campingplatz Elisabeth-Sophien-Koog
120 Plätze direkt am Deich gelegen. *April–Mitte Okt., Elisabeth-Sophien-Koog 17, Tel. 04842/8534* (D 10)

SPORT UND STRÄNDE

Rund um die Insel gibt es Badestellen am grasbewachsenen Deich. Beim Norderhafen und bei Fulehörn kann man Strandkörbe mieten. Ein kleiner bescheidener Sandstrand hat sich am neuen Beltringharder Deich gebildet, den man vom Elisabeth-Sophien-Koog erreicht. Vorsicht: Der Ebbstrom kann hier so stark sein, daß er Sie in die offene See hinauszieht!

Am Ufer des Elisabeth-Sophien-Koogs treffen Surfer auf Gleichgesinnte und gute Bedingungen für ihren Sport.

Links vom Surfgebiet können Sie Drachen steigen lassen.

Hallenschwimmbad
Die häufig wechselnden Öffnungszeiten erfahren Sie im Schwimmbad oder bei der Kurverwaltung. (D 10)

Reiten
Hans Otto Petersen bietet Ponyreiten für Kinder an. *Ostern–Juni, Sept., Okt. Di, Do, Fr 15–18 Uhr, Juli, Aug. Mo–Sa 15–18 Uhr, Moordeich 38* (D 10)

Tennis
Ein Sandplatz im Freien kann nebenan im Restaurant Süden gebucht werden. *Süden 7, Tel. 0 48 42/80 13* (D 10)

AUSKUNFT

Kurverwaltung
Allgemeine Information, Veranstaltungskalender, Zimmernachweis und -vermittlung. *Mo–Do 8–12 und 14–16 Uhr, Fr 8–12 Uhr, Schulweg 4, 25845 Nordstrand, Tel. 0 48 42/4 54, Fax 81 02* (D 11)

ZIEL IN DER UMGEBUNG

Husum
★ Die »graue Stadt am Meer« (20 900 Ew.), wie Theodor Storm seine Heimatstadt einst nannte, ist durch viele Sehenswürdigkeiten und gute Einkaufsmöglichkeiten im Sommer ein bunter und lebendiger Ort. Marktplatz, Tine-Brunnen und der Hafen im Zentrum laden ein zum Schlendern. (F 10/11)

Interessante Museen: *Ostenfelder Bauernhaus von 1630 (März bis Okt. Di–So 10–12 und 14–17 Uhr, Nordhusumer Straße 13, Eintritt 3 Mark, Kinder 1,50 Mark);* im *Nissenhaus* ist viel über Besiedlung, Deichbau und Sturmfluten zu erfahren *(April – Okt. tgl. 10–17 Uhr, Nov.–März Mo–Fr und So 10–16 Uhr, Herzog-Adolf-Straße 25, Eintritt 5 Mark, Kinder 1 Mark),* und im *Theodor-Storm-Haus* kann man sehen, wie der Dichter hier von 1866 bis 1880 lebte *(April–Okt. Di–Fr 10–12 und 14–17 Uhr, Sa–Mo 14–17 Uhr, Nov.–März Di, Do, Sa 14–17 Uhr, Wasserreihe 31, Eintritt 2 Mark, Kinder 1 Mark).*

Das Schloß ist Ende März/Anfang April ein besonderer Anziehungspunkt, denn dann blühen im Schloßpark Millionen Wildkrokusse. Im Schloß, Ende des 16.Jh. von den Gottorfer Herzögen erbaut, sind die Kamine aus dem 17. Jh., die Kapelle und die

Torhaus am Schloß in Husum. Im Schloß finden regelmäßig Ausstellungen von Malern und Graphikern und die bekannten Pole-Poppenspäler-Tage statt

wechselnden Ausstellungen besonders interessant. *(Mitte März bis Okt. Di–So 11–17 Uhr, Schloßstraße, Eintritt 5 Mark, Kinder 2,50 Mark).*

Beliebter Treffpunkt, Kneipe und Restaurant in einem ist das *Brauhaus (tgl. 11–1 Uhr, Neustadt 60–64, Kategorie 3).* Im *Hotel garni Hinrichsen* wohnt man nicht nur ausgezeichnet, sondern auch zentral *(55 Zi., Süderstraße 35, 27813 Husum, Tel. 0 48 41/50 51, Fax 28 01, Kategorie 2).*

Auskunft und Zimmervermittlung: *Tourist Information* im historischen Rathaus, *15. Juni–20. Sept. Mo–Fr 9–18 Uhr, Sa 10–13 Uhr, So 10–12 Uhr, 21. Sept.–14. Juni Mo–Do 9–12 und 14–16.30 Uhr, Fr 9–12 und 14–15 Uhr, Großstraße 27, 25813 Husum, Tel. 0 48 41/ 8 98 70, Fax 47 28*

Schafe, Deich und Köge bestimmen das Bild

Auf Pellworm können Sie die Ursprünglichkeit nordfriesischen Insellebens erfahren

Wie ein tiefer Teller liegt Pellworm im Wattenmeer. Der lebenswichtige 25 km lange und 8 m hohe Deich bildet den Tellerrand, über den man nur von wenigen erhöhten Punkten der Insel aus hinweggucken kann. Manchen Besuchern kommt der grasbewachsene Deich wie eine grüne Mauer vor, an die man stets wieder gerät und die den Blick ins Weite verstellt. Man erkennt, daß auch Pellworm ohne den schützenden Deich eine Hallig wäre. Die alten Häuser sind auf Warften erbaut oder stehen auf Sommerdeichen. Deshalb hat Pellworm auch keine eigentlichen Dörfer. Allerdings stehen an einigen Stellen, wie beispielsweise am Hafen, so viele Häuser zusammen, daß sie wie ein kleines Straßendorf wirken. Durch die Köge – zum Teil unter dem Meeresspiegel liegende Marschen – fließen Entwässerungsgräben, da das Regenwasser aufgrund der kompletten Eindeichung nicht von selbst abfließen kann.

Der Deich sichert das Leben auf der Insel, und seine Erhaltung sichert wiederum die hier knappen Arbeitsplätze. Die Schafe, die vom Frühjahr bis Herbst das Bild Pellworms bestimmen, sind wichtiger, dekorativer und nahrhafter Bestandteil der Deichsicherung. Sie trampeln mit ihren Hufen die Deichkrone fest und verschließen so auch die von den Wühlmäusen verursachten Löcher.

Auf den fruchtbaren Böden werden vor allem Getreide und Raps angebaut. Es ist herrlich, an den im Mai blühenden Raps- und den im Sommer wogenden Kornfeldern vorbeizuradeln oder -zugehen. Viele große alte Bauernhöfe thronen noch unverändert auf ihren Warften, denn hier hat der Fremdenverkehr bisher weniger Anreize geboten umzusatteln als auf anderen Inseln. Allerdings bieten einige Landwirte Ferien auf ihrem Bauernhof an.

Pellworm mit seinem Wahrzeichen, der Turmruine der St.-Salvator-Kirche aus dem 11. Jahrhundert

MARCO POLO TIPS FÜR PELLWORM

1 St. Salvator
Imposante Turmruine und wohltönende Arp-Schnitger-Orgel (Seite 73)

2 Inselmuseum
Auf kleinem Raum gibt's viel zu sehen (Seite 74)

3 Nordermühle
Im Mehlsaal Kaffee trinken mit Blick über den Deich (Seite 75)

4 Unter den Linden
Pellwormer Buffet mit einheimischer Hausmannskost (Seite 75)

Pellworm ist die ursprünglichste der Nordfriesischen Inseln. Weil es keinen Sandstrand gibt, hat der Tourismus erst spät und in bescheidenem Umfang Einzug gehalten. Die Vorteile spürt man sofort. Selbst in der Hochsaison findet man auf Pellworm vor allem Ruhe. Und die Preise für Unterkunft und Restaurantbesuch sind niedriger als auf den anderen Inseln, der Standard allerdings auch.

Die ersten Feriengäste kamen erst um 1900 nach Pellworm. Und der Inselchronist Georg Quedens berichtet, daß manche Insulaner so pikiert über die Badekostüme der Urlauber waren, daß sie kaum noch am Deich nach ihren Schafen gucken mochten. Andere Insulaner sahen es als Strafe für's Zimmervermieten an, daß die Vermieter mit ihren Gästen hochdeutsch reden mußten. Auf Pellworm wird schon seit Jahrhunderten Plattdeutsch gesprochen. Die Sturmfluten haben nämlich mit den Friesen auch deren Sprache von Pellworm vertrieben. Und auch von hier wanderten viele nach Amerika aus. Außerdem verließen in den letzten Jahrzehnten viele junge Pellwormer die Insel, auf der die Einkommen immer noch weit unter dem Durchschnitt liegen. Heute hat Pellworm 1150 Einwohner. 1960 waren es noch 1700.

Seit 1979 ist Pellworm anerkanntes Nordseebad. Durch den neuen, tideunabhängigen Fähranleger kann im Sommer etwa alle zwei Stunden ein Fährschiff von Strucklahnungshörn auf Nordstrand nach Pellworm starten. Die Überfahrt dauert eine gute halbe Stunde. Wenn Sie Ihr Auto mitnehmen wollen, müssen Sie es rechtzeitig anmelden. Vom Fähranleger gibt es einen kostenlosen Bustransfer zum alten Hafen und zur Kurverwaltung. Dort startet der Bus dann auch in umgekehrter Richtung eine Viertelstunde vor Abfahrt der Fähre. Sonst gibt es keine Buslinie auf Pellworm. Auf das einzige Taxi der Insel sollte man sich nur verlassen, wenn man einen Termin verabredet hat. Es gibt etliche Fahrradverleiher. Der Autoverkehr ist noch gering und die Insel mit 37 Quadratkilometern so klein, daß ein Fahrrad das ideale Verkehrsmittel ist.

Im letzten Jahrhundert hatte Pellworm kurze Zeit einen berühmten Hardesvogt, den Dichter Detlev von Liliencron. Der schrieb 1891 an einen Schriftstellerkollegen: »Pellworm. Dahin will ich noch mal. Grenzenlose Einsamkeit! Herrlich! Kommt mit! Kommt mit! Ihr Lieben! Eine neue, liebe, schöne Welt dort! ... Mitten im Meer. Nordsee = Mordsee! Ostsee wirklich ein Teich dagegen. Die Nordsee ist grandios, furchtbar ernst, Wikinger, norwegische Felsenkönige, Grogk ... Essen vorzüglich.«

Der Lebemann Liliencron wurde von den Pellwormern Tanzbaron genannt, weil er das Tanzen in den Gastwirtschaften erlaubte. Nur eineinhalb Jahre, von März 1882 bis Oktober 83 war Liliencron höchste Amtsperson auf Pellworm, und er hat diese Zeit nicht nur genossen. Er schrieb auch: »Ich bin verbannt auf eine kleine, deichumrahmte Insel. / Weit liegt mein walddurchrauschtes Vaterland. / Hier schleicht und kriecht das Wattenmeergerinsel / Durch Schlick und Schlamm, ein schmutzig gelbes Band. / Poltert der Sturm nicht, nörgelt Windgewinsel.«

In seinen Gedichten spiegeln sich Begeisterung und Ablehnung der rauhen Nordseewelt gleichermaßen. Vielleicht war er im Sommer entzückt und im Winter von Heimweh geplagt.

BESICHTIGUNGEN

Hafen

Seit 1992 hat Pellworm einen tideunabhängigen Fähranleger. Eineinhalb Kilometer führt die Straße hinaus zur Anlegestelle im Tiefwasser. Der alte Hafen ist seither den Fisch- und Krabbenkuttern, Lastschiffen und Ausflugsdampfern vorbehalten. Wer dort entlangschlendert, kann die Fischer dabei beobachten, wie sie ihre Netze für den nächsten Fang präparieren, Seesterne, Muscheln und kleine Fische aus den Maschen holen und ins Hafenbecken werfen. Am Ende der Mole schließt sich eine kleine Marina an.

Westlich des Hafens ist zu sehen, wohin die vielen Entwässerungsgräben führen, die Pellworm durchziehen. Die Gräben werden leergepumpt, und bei Ebbe kann die Schleuse geöffnet werden, so daß das Wasser ins Meer fließt. (B 9)

Leuchtturm

Der 1907 erbaute rote Turm mit weißem Streifen mißt 37 m. Er ist leider nur von außen zu besichtigen. (B 10)

Neue Kirche

Malerisch zwischen alten Bäumen und Häusern liegt die 1622 erbaute und 1867 umgestaltete Kirche fast in der Mitte der Insel. Gerettetes Inventar aus den bei der großen Flut 1634 untergegangenen Kirchen wurde auf andere Gotteshäuser verteilt. So stammt der Beichtstuhl aus der Kirche in Osterwohld und der wertvolle Altaraufsatz (ca. 1520) aus der Kirche von Ilgroff. Sehenswert sind auch die Kanzel von 1638 mit einem Bibelvers in plattdeutscher Sprache und der Taufstein aus Marmor. *Erntedankfest bis Ostern 10–16 Uhr, Ostern bis Erntedankfest 10–18 Uhr, außer während der Gottesdienste* (A 10)

St. Salvator/Alte Kirche

★ An der Westseite der Insel, dicht am Deich, liegt die Alte Kirche, deren Geschichte im 11.

Die modernen Windmühlen sind nicht eben malerisch, aber ökologisch und ökonomisch sinnvoll

Jh. begann. Die romanischen Ursprünge des Baus sind noch in Chorraum und Apsis und am Portal zu erkennen. Der spätgotische Altar entstand um 1460. Der Altaraufsatz zeigt sieben aus Eichenholz geschnitzte Szenen der Leidensgeschichte Jesu. Die Bronzetaufe wurde 1475 von Hinrich Klinghe gegossen und stammt aus dem 1634 untergegangenen Buphever.

Eine besondere Attraktion ist die einzige noch erhaltene Arp-Schnitger-Orgel Schleswig-Holsteins. Bei einem der Orgelkonzerte können Sie hören, wie gut das Instrument von 1711 vor einigen Jahren restauriert wurde.

Die Turmruine aus dem 13./14.Jh. ist eines der Wahrzeichen Pellworms und bei guter Sicht von Föhr und Amrum aus zu erkennen. Als Seezeichen, Glockenturm und Zufluchtsort wurde der Turm berühmt. Im 15.Jh. hauste der Seeräuber Cort Wiederich hier. 1611 stürzte der Turm ein. Der heute zu sehende imposante Rest mißt immerhin noch 26m und bietet Turmfalken ein ideales Refugium.

Unter der Westseite der Turmruine liegen 40 unbekannte, am Strand gefundene Tote begraben. Auf diesem Friedhof für Heimatlose erinnert eine Gedenktafel außerdem an 15 junge Schweden, die 1950 mit einem nachgebauten Wikingerschiff vor Helgoland untergingen. *Erntedankfest bis Ostern tgl. 10–16 Uhr, Ostern bis Erntedankfest tgl. 10–18 Uhr außer während der Gottesdienste. Konzerte in- und ausländischer Organisten Juni bis Sept. Mi 20.30 Uhr* (A 10)

Solar- und Windkraftwerk

In der größten Hybridanlage Europas sollen jährlich bis zu 1,5 Mio. Kilowattstunden erzeugt werden, 500 000 mit Hilfe der Sonne und 1 Mio. mit Hilfe des Windes. *Ausstellung und Kiosk: April–Sept. Mo–Sa 10–Uhr, In der See* (B 9)

MUSEEN

Inselmuseum

★ In dem auf kleinem Raum im Haus der Kurverwaltung vorbildlich eingerichteten neuen Museum zeigen Schautafeln, Fotos und Modelle die geologische Entwicklung der Region. Exponate erhellen auch Leben und Arbeit auf Pellworm in früheren Zeiten. *Juni–Aug. Mo–Fr 8–12 und 14–16.30 Uhr, Sa, So 10–12 Uhr, Sept.–Mai Mo–Fr 8–12 Uhr, Mo bis Do 14–16 Uhr, Tammensiel, Uthlandestraße 2* (B 10)

Wattenmuseum Liermann
Heinrich Liermann hat fast 50 Jahre die Post zu Fuß durchs Wattenmeer zur Hallig Süderoog getragen. Was er auf seinen Wegen aus der Zeit der untergegangenen Inselwelt gefunden hat, wird zusammen mit Familienstücken von dem inzwischen selbst betagten Sohn Hans gezeigt und anschaulich erklärt. *Fast immer 8–18 Uhr, Eintritt frei, Spende erbeten, Westerschütting 9, Tel. 0 48 44/2 85* (A 10)

RESTAURANTS UND CAFÉS

Friesenhaus
Spezialitäten: Fisch und Vollwertgerichte. Zu dem Restaurant gehören 27 einfache Hotelzimmer *(Kategorie 2 und 3). März bis Okt., Dez., Jan. Mi–Mo 12–13.30 und 18–22 Uhr, Kaydeich 17, 25849 Pellworm, Tel. 0 48 44/7 74, Fax 5 32, Kategorie 2* (B 10)

Gasthaus Hooger Fähre
Die Porren-Pann (Krabben in Kräutersahnesoße und mit einem kleinen Schuß Köm) schmeckt bei gutem Wetter besonders draußen, mit Blick auf die Alte Kirche. *Die Betriebsferien im Winter variieren, sonst tgl. 11.30–14 und 17–21 Uhr, 15. Juni–15. Sept. 14 bis 22 Uhr. Hooger Fähre 5, Tel. 0 48 44/12 50, Kategorie 2* (A 9)

Nordermühle
★ In der einzigen vollständig erhaltenen Mühle Pellworms, die bis 1967 in Betrieb war, kann man abends speisen und in der Hauptsaison nachmittags im ehemaligen Mehlsaal mit einem herrlichen Blick über den Deich Kaffee trinken. *März–Okt. tgl. 11–22 Uhr, Nordermitteldeich, Tel. 0 48 44/6 56, Kategorie 2* (A 9)

Strand-Café
Nicht am Strand, sondern am Deich. Selbstgebackener Kuchen. *April–Sept. Di–So 14–18 Uhr, Tammwarft 10* (A 10)

Unter den Linden
★ Spezialität des alten Gasthofes ist das in der Hochsaison donnerstags angebotene Pellwormer Buffet mit einheimischer Hausmannskost. Rechtzeitige Voranmeldung unbedingt erforderlich!

Nordseereisen anno dazumal

Einem Reiseführer von 1852 ist die beschwerliche Route von Altona bei Hamburg nach Wyk zu entnehmen: Von Altona ging es mit der Bahn nach Neumünster. Dort stieg man um und fuhr weiter bis Rendsburg. Die Fahrtzeit betrug drei Stunden. Von dort fuhr man sechs Stunden lang mit einem Schiff auf der Eider nach Friedrichstadt und in eineinhalbstündiger Kutschfahrt weiter nach Husum. Von dort konnte man mit dem zweimal wöchentlich verkehrenden Dampfschiff in vier Stunden nach Wyk reisen oder mit der täglich in fünf Stunden nach Dagebüll fahrenden Postkutsche, um dort einen Dampfer nach Wyk zu besteigen, macht summa sumarum ohne die teils erheblichen Wartezeiten mehr als 15 Stunden.

Westertilli 23, Tel. 0 48 44-3 99, Nov.–März Do–Di 18–20 Uhr, April–Okt. Do–Di 11–14 und 17 bis 22 Uhr, Juni–Aug. auch Mi, Kategorie 2 (A 10)

Zur alten Kirche

Manche Gäste kommen vor allem wegen der Getreidepfannkuchen mit Gemüsefüllung. *April, Mai, Okt. Mi–Mo 11–22 Uhr, Juni–Sept. tgl. 11–22 Uhr, Alte Kirche 1, Kategorie 2* (A 10)

EINKAUFEN

Atelier Poseidon

Die handgesponnene und mit Pflanzenfarben gefärbte Schafswolle von Inge Petersen begeistert sogar des Strickens Unkundige. Ihr Mann Martin verkauft seine Aquarelle und Ölbilder und gibt Malunterricht. *Mo–Sa 10–12 und Mo–Fr 14–18 Uhr, Nordermitteldeich, Tel. 0 48 44/3 81* (B 9)

Biolandhof Petersen

Im Hofladen gibt es frische Milch, Käse, Milchprodukte und Fleisch aus eigener Herstellung. *Mo–Sa 17–18 Uhr, Bupheverweg 28, Tel. 0 48 44/2 66* (B 9)

Friesen Pesel

Der liebevoll restaurierte Clausenhof von 1761 beherbergt diesen Laden mit Kunstgewerbe, Geschenkartikeln, Antiquitäten und Tee und drei für Pellworm ungewöhnlich komfortable Ferienwohnungen. *Mo–Sa 10–12 und Mo–Fr 14–18 Uhr, Waldhusen 9, Tel. 0 48 44/2 90* (A 9)

Inselatelier Emmy Jensen

Aquarelle, Seidenmalerei sowie Tonfiguren und auch Porzellanschmuck. *Tgl. 10–18 Uhr, Junkersmitteldeich 2* (B 10)

Lores Porzellanpuppen

Schöne handgefertigte Porzellanpuppen. *Tgl. 9 bis 20 Uhr, Ostersiel 11* (B 10)

Pellwormer Kunstgewerbe

Der Edelsteinkundler und Kunsthandwerker Heinrich Jordt veredelt und verarbeitet Bernstein

Gesponnene und gefärbte Schafswolle wird auf der Insel angeboten

und bietet selbstgefertigte Holzartikel an. *März–Okt. Mo–Fr 9 bis 18 Uhr, Sa, So 10–16.30 Uhr, Tammensiel 36* (B 9)

Ütermarker Bioland-Hof
Im Hofladen gibt es Fleisch, Gemüse und Eier aus eigener Herstellung. *Mo–Sa 16–18 Uhr, Ütermarker Weg 11, Tel. 0 48 44/ 13 56* (B 9)

HOTELS

Pension Meeresfrieden
Direkt neben dem Leuchtturm, nur wenige Schritte von der Badestelle. Einfache Zimmer mit Dusche und WC, eines davon für Rollstuhlfahrer geeignet. 14 Zi. Das freundlich renovierte und gute Restaurant *(Kategorie 2)* im Erdgeschoß bietet große Auswahl. *April–Okt. tgl. 8–22 Uhr, Süderkoogweg, Tel. 0 48 44/4 72 oder 4 70, Kategorie 3* (B 10)

Nordseeblick
Nicht eben gemütlich, aber direkt am alten Hafen. 8 Zi. *Am Hafen, 25849 Pellworm, Tel. 0 48 44/ 2 11, Kategorie 3* (B 9)

SPORT UND STRÄNDE

Sandstrände gibt es auf Pellworm nicht. Aber es gibt zehn Badestellen auf den grasbewachsenen Wasserseiten der Deiche mit Badetreppen und Duschen. Das Wasser ist hier überall relativ flach und hat keine gefährlichen Strömungen. In der Kurverwaltung können Sie von Mai bis September Strandkörbe mieten. An der Nordermühle (A 9) gibt es eine FKK-Badestelle. Die Badestellen Leuchtturm und Kaydeich sind bewacht.

Freizeitanlage Kaydeich
Minigolfplatz und zwei gepflegte Sandtennisplätze. *April–Okt. tgl. 9 Uhr bis zur Dunkelheit. Kaydeich, Tel. 0 48 44/5 59* (B 10)

Schwimmbad
Das Schwimmbad im Kurzentrum hat auch zwei Außenbecken. *Juni–Sept. Di–Sa 10–12 und 14.30–20 Uhr, So 14–17 Uhr, März–Mai, Okt., Nov. Di–So 14 bis 20 Uhr, Uthlandestraße 5* (B 10)

AM ABEND

Unternehmungslustige Nachtschwärmer sollten nicht nach Pellworm reisen. Es gibt nur eine empfehlenswerte Kneipe und in der Hauptsaison einmal wöchentlich einen von der Kurverwaltung organisierten Disko-Abend in der Freizeithalle am Kaydeich. Dort finden im Sommer auch Vorträge, Theateraufführungen und Konzerte statt.

Beer-Krog im Ponyhof
Gemütliche Kneipe. Bier vom Faß und kleine warme Speisen, zum Beispiel Pizza. *Juni–Aug. tgl. ab 18 Uhr, Sept.–Mai Di–So ab 18 Uhr, Osterschütting 11, Tel. 0 48 44/4 14* (A 10)

AUSKUNFT

Kurverwaltung
Allgemeine Information, Zimmervermittlung, Strandkorbvermietung. *Juni–Aug. Mo–Fr 8–12 und 14–16.30 Uhr, Sa, So 10 bis 12 Uhr, Sept.–Mai Mo–Fr 8–12 Uhr und Mo–Do 14–16 Uhr, Uthlandestraße 2, 25849 Pellworm, Tel. 0 48 44/1 89 43 und 1 89 51, Fax 1 89 44, Zimmervermittlung Tel. 1 89 40* (B 10)

EIN KURZBESUCH

Von Frühjahr bis Herbst steuern Schiffe der weißen Seebäderflotte jeden Tag die einzige Hochseeinsel Deutschlands 75 km vor der schleswig-holsteinischen Westküste an. Sie kommen von den Nord- und Ostfriesischen Inseln, von Hamburg und etlichen Nordseehäfen. Mehrere Tausend Gäste gehen gegen Mittag in Helgoland von Bord, oder richtiger gesagt, klettern mit Hilfe kräftiger Bootsleute aus dem Schiffsrumpf in offene Börteboote, mit denen die Besucher von den auf Reede liegenden Schiffen zum Hafen gebracht werden. Zunächst fällt die Einheitlichkeit der Helgoländer Häuser auf. Bunt gestrichen, bescheiden in Höhe und Ausstattung stehen sie so dicht gedrängt, daß die Gärten meist nur Wohnzimmergröße haben. Die uniforme Bebauung der Insel ist das Ergebnis der jüngsten Geschichte: Helgoland, jahrhundertelang aus strategischen Gründen umkämpft, gehörte mal zu Dänemark, mal zu England und seit 1890 wieder zu Deutschland. Schon vorher, nämlich 1841 hat Heinrich Hoffmann von Fallersleben als politischer Flüchtling auf dem damals englischen Helgoland »Das Lied der Deutschen«, die Nationalhymne, geschrieben.

1945 wurde Helgoland völlig durch Bomben zerstört. 1947 wurden Teile der Insel durch Sprengungen vernichtet. 1952, nach der Freigabe der Insel durch die Besatzungsmächte, konnte sie neu bebaut werden und die evakuierten Helgoländer zurückkehren. Heute leben rund 1700 Einwohner auf der autofreien knapp einen Quadratkilometer großen Insel. Für Gäste stehen etwa 2100 Betten zur Verfügung.

Auf dem kleinen flachen Teil der Felseninsel, dem Unterland, mit Hafenanlagen, der Haupteinkaufsstraße *Lung Wai*, Kurpromenade und Musikpavillon befinden sich auch das beheizte Meerwasserfreibad, Kraftwerk und die Meerwasserentsalzungsanlage, Tennisplätze und das Kurmittelhaus. Wem die knapp 200 Stufen aufs Oberland zu beschwerlich sind, gelangt am Ende des Lung Wai bequem mit dem Fahrstuhl 30 m nach oben.

Auf dem Oberland dominieren Geschäfte, Restaurants und Hotels nur auf der Hauptstraße *Am Falm*, denn das übrige Oberland ist vor allem ruhiger Wohnort der Helgoländer. An ihn schließt das plateauartige mit niedrigen Pflanzen bewachsene Land an, dessen rote Sandsteinklippen steil ins Meer abfallen. Die Beschreibung: »Grün ist das Land, rot ist die Kant, weiß ist der Sand! Das sind die Farben von Helgoland!« stimmt also. Fehlt noch der weiße Sand der Düne. Helgoland vorgelagert und durch Aufspülung auf 70 Hektar vergrößert, liegt die seit 1729 von der Insel getrennte Düne mit schönem breitem Sandstrand und dem kleinen Flugplatz. Wer baden (hier läuft das Wasser nicht weg!) oder fliegen will, wird von den Börtebooten übergesetzt.

BESICHTIGUNGEN

Lange Anna und Lummenfelsen

Die Lange Anna, 48 m lang, ist Naturdenkmal und Wahrzeichen Helgolands. Der freistehende Felsen ist außerdem ein Beweis für die Kraft der Nordseewellen, die im Laufe der Jahrhunderte große Teile der Insel verschlangen und die Lange Anna zu einer alleinstehenden Dame machten.

Von April bis Juli ist sie ebenso wie der Lummenfelsen Ort eines faszinierenden Naturereignisses. Möwen und Trottel-Lummen brüten dann zu Tausenden auf den Felsvorsprüngen. Wenn sie sich aufrichten, erinnern die Lummen an Pinguine. Sie gehören allerdings zur Art der Alke und sind mit den Möwen verwandt. Sie können hervorragend schwimmen und tauchen. Flug und Landung sehen dagegen eher unbeholfen aus, eben trottelig. Im Juni locken die Lummen ihre Jungen ins Wasser, obwohl die noch nicht flügge sind. Die Kleinen stürzen sich dann mit dem Lummensprung aus bis zu 50 m Höhe aus der Felswand ins Meer und schwimmen, bis sie vor Skandinavien fliegen können, mit ihren Eltern gen Norden.

Vogelwarte

Im Fanggarten werden jedes Jahr bis zu 26 000 Vögel beringt und untersucht. Führungen: *15. März bis 15. Okt. Di und Fr 16.30 Uhr, Oberland, An der Sapskuhle 511*

RESTAURANTS

Bielefelder Hof

Rustikales Ambiente, gutbürgerliche Küche. *April–Nov. tgl. 11.30 bis 15 und 17.30–23 Uhr, Lung Wai 43, Tel. 0 47 25/12 30, Kategorie 2*

Westfalenschänke

Zu der großen Auswahl an Fischgerichten gehört auch frischer Hummer. *April–Okt. tgl. 11 bis 24 Uhr, Am Falm 312, Tel. 0 47 25/3 93, Kategorie 2*

Zum Hamburger

Bestes Restaurant Helgolands. *Mitte März–Okt. tgl. 11.30–14.30 und 17.30–21 Uhr, Am Falm 304, Tel. 0 47 25/4 09, Kategorie 2*

EINKAUFEN

Helgoland ist Zollfreigebiet. In den zahlreichen *Duty-free-Shops* können Sie günstig Zigaretten, Spirituosen, Butter, Käse, Kaffee, Schokolade und Parfüm kaufen.

HOTELS

Haus Hanseat

Freundliches Hotel garni direkt am Anleger. Die meisten Zimmer mit Blick auf's Meer. 17 Zi. *März–Okt., Südstrand 21, 27486 Helgoland, Tel. 0 47 25/6 63, Fax 74 04, Kategorie 1*

Hotel Insulaner

Gepflegtes Haus mit Garten, Sauna und Solarium. Die meisten Zimmer mit Blick auf's Meer. 19 Zi. *Am Südstrand 2, 27498 Helgoland, Tel. 0 47 25/6 02, Fax 14 83, Kategorie 1*

Hotel-Pension Mailänder

Der Blick auf Düne und Hafen entschädigt für das etwas antiquierte Interieur. 19 Zi. *Am Falm 313, 27498 Helgoland, Tel. 0 47 25/8 13 30, Fax 81 33 33, Kategorie 1*

AUSKUNFT

Kurverwaltung

Allgemeine Information, Veranstaltungskalender, Zimmervermittlung. *Mai–Sept. Mo–Fr 9 bis 16 Uhr, Sa 12–15 Uhr, So 12 bis 14 Uhr, sonst wechselnde Öffnungszeiten, Lung Wai 28, 27489 Helgoland, Tel. 0 47 25/8 08 65, Fax 4 26*

Bollwerke gegen den Blanken Hans

Die Warften sind im Sommer blühende Oasen und bei »Land unter« Inseln der Sicherheit

Die Halligen sind bis auf Nordstrandischmoor und die Hamburger Hallig kein Land, das die großen Sturmfluten übrigließen, so wie Nordstrand und Pellworm. Sie sind durch Schlickablagerungen vor 800 bis 400 Jahren ganz neu entstanden, haben aber bis zum Beginn eines wirksamen Küstenschutzes vor rund 100 Jahren erhebliche Teile eingebüßt. Hooge beispielsweise war 1642 1440 Hektar groß. Heute mißt die Hallig nur noch 591 Hektar. Durch Landgewinnung und Eindeichung wurden einige Halligen zu Festland. Dagebüll, wo heute die großen Fähren nach Amrum und Föhr an- und ablegen, war einst selbst eine Hallig.

Das Charakteristische der Halligen ist, daß sie bei erhöhtem Hochwasser regelmäßig überflutet werden. Wer so ein Land unter miterlebt hat, versteht auch, warum die Nordsee respektvoll »Blanker Hans« genannt wird, denn bei Land unter sind die Halligen blank. Bis auf die Warften, die künstlich aufgeworfenen Hügel, auf denen die Hallighäuser stehen, steht alles unter Wasser, die Warften werden selbst zu kleinen Inseln und die Straßen zwischen ihnen unpassierbar. Bei starkem Sturm müssen sich die Menschen gelegentlich sogar mit Tauen wie auf einem Schiff im Sturm sichern, wenn sie ihr Haus verlassen wollen, um nicht ins Wasser geschleudert zu werden. Im Sommer werden die Halligen nur selten überflutet. Aber auch dann erinnert Seegras in den Weidezäunen an die letzten Land unter. Das Halligleben ist seit Jahrhunderten geprägt von der ständigen Gefahr des buchstäblichen Untergangs. Die Sommer werden auch heute dazu genutzt, die Flutschäden der Herbst- und Winterstürme zu beheben, Warften und die Steinuferkanten winter- und wasserfest zu machen, um neuen Schaden zu vermeiden.

Moderne Technik hat erst sehr spät auf den Halligen Einzug gehalten. An das öffentliche Strom- und Wassernetz wurden sie in den 50er und 60er Jahren angeschlossen. Auf Gröde gibt es sogar erst seit 1976 Strom.

Ringelgänse auf Hooge, im Frühjahr werden die Halligen zur Zwischenstation dieser Fluggäste

Die Halligbewohner hatten ausgeklügelte Methoden, um mit ihren kargen Salzwiesen und ohne Süßwasserbrunnen überleben zu können. Man könnte sagen, das Leben hier war ein ständiges Survival-Training. Auf vielen Warften sind noch heute die *Fethinge* zu sehen, Teiche, in denen das Regenwasser für die Viehtränke gesammelt wurde. Daneben wurde ein *Sood* angelegt, ein Brunnen, der ebenfalls mit Regenwasser gespeist wurde, das den Menschen als Trinkwasser diente. Wenn bei schweren Sturmfluten die Warften überspült wurden, waren auch die Wasserreservoirs verdorben. Zwar kann aus den kunstvoll angelegten Fethingen das Wasser abgelassen werden, aber bis wieder Regen oder Schnee gefallen war, mußten Mensch und Vieh oft dursten. Diese Gefahr drohte auch in langen niederschlagsarmen Sommern. Geheizt wurde, in manchen Häusern bis in die 60er Jahre, mit *Ditten,* mit Kuhmistbriketts. Die Kuhfladen wurden den Winter über gesammelt, im Frühjahr auf den Warftböschungen ausgebreitet, mit Füßen und Dittenstampfer gestampft, getrocknet und zerteilt. Außerdem wurde fleißig Treibholz gesammelt.

In den 50er Jahren wurden die ersten Straßen auf den unwegsamen, von vielen Prielen durchzogenen großen Halligen gebaut. Es sind einspurige Plattenwege mit Ausweichstellen für Gegenverkehr. Auf den kleinen Halligen gibt es keine Autos.

Die schweren Sturmfluten stellten die Existenz der Halligen und ihrer Bewohner immer wieder in Frage. Und hätte man nicht ihren Wert als Wellenbrecher und Sturmflutsicherung für die ganze Küste erkannt und ihren Erhalt mit großen Summen subventioniert, wären sie wohl längst unbewohnt. Ende der 50er Jahre wurde ein Halligsanierungsprogramm beschlossen, dessen Notwendigkeit dann durch die Sturmflut 1962 auf schreckliche Weise bewiesen wurde. In der Nacht vom 16. auf den 17. Februar wurden die Warften überschwemmt. Brecher tosten gegen die Hausmauern, und die Bewohner mußten sich in die oberen Stockwerke retten. Viele Häuser wurden unbewohnbar, etliche konnten nur noch abgerissen werden. Großzügige Zuschüsse sorgten für zahlreiche

MARCO POLO TIPS FÜR DIE HALLIGEN

1 Oland
Eine Warft wie ein Dorf
(Seite 89)

2 Kirche auf Hooge
In der ältesten Halligkirche ist der Boden mit Sand und Muscheln bedeckt
(Seite 87)

3 Kapitän Tadsen Museum
Bilegger und Gasterloch in einem alten Haus auf Langeneß
(Seite 89)

4 Königs-Pesel
Königlicher Alkoven auf Hooge (Seite 87)

Neubauten, die sämtlich mit einem durch Betonpfähle sicheren Fluchtraum im Obergeschoß ausgestattet wurden. Leider war gerade in den 60er Jahren das Bewußtsein für den kulturellen Wert der alten Halligháuser sehr gering, und bei den Neubauplänen standen ausschließlich Sicherheit und Wirtschaftlichkeit im Vordergrund. Deshalb gibt es nur noch wenige alte und viele ziemlich häßliche Gebäude mit Eternitdächern. Allerdings sollen die Halligháuser nun mit Hilfe von Dorferneuerungsprogrammen schöner werden.

Einige kleine Halligen sind seit Jahren unbewohnt. Auf der kleinsten, Habel, steht nur ein Gebäude, das im Sommer von einem Vogelwart und Arbeitern des Küstenschutzes genutzt wird. Auch Südfall und Norderoog werden nur im Sommer durch Vogelwarte bewohnt. Die nur gut 100 Hektar große Hamburger Hallig ist Natur- und Vogelschutzgebiet und nur im Sommer vom Festland aus über einen Damm zu erreichen. Im *Hallig-Krog* gibt es kleine Gerichte und Kuchen *(April–Okt. tgl. 11.30 bis 18 Uhr, Tel. 0 46 71/21 73)*. Von Nordstrand aus starten Ausflugsdampfer und Wattwanderungen nach Nordstrandischmoor mit seinen vier Warften, auf denen 22 Personen leben. Auch hier kann man sich in einer Gastwirtschaft stärken. Nach Süderoog, das von Familie Matthiesen bewohnt wird, werden von Pellworm aus Wattwanderungen organisiert.

Der karge, durch Land unter von Salzwasser überspülte Boden eignet sich nur als Weideland oder für eine nicht sonderlich reiche Heuernte. Bis nach dem Zweiten Weltkrieg galt die Allmende. Der Boden wurde jedes Jahr unter den Bauern neu verteilt, so daß niemand durch Landverluste und die unterschiedliche Güte der Böden dauerhaft benachteiligt wurde. Inzwischen halten nur noch wenige Landwirte eigenes Vieh. Milchquoten und Ringelgänse haben die ohnehin mühsame Landwirtschaft noch weniger einträglich werden lassen. Besonders im Frühjahr richten die auf den Halligen Station machenden Ringelgänse erhebliche Schäden an. Sie fressen das erste Gras und verätzen die Böden durch ihren Kot. Etliche sichere Arbeitsplätze gibt es aber auch auf den Halligen durch die dem Amt für Land- und Wasserwirtschaft unterstehenden Küsten- und Warftschutzarbeiten.

Außergewöhnliches Verkehrsmittel: Lore zur Hallig Nordstrandischmoor

In den letzten 30 Jahren hat auch auf den Halligen der Tourismus Einzug gehalten. Aber nur auf Hooge gibt es ein größeres Angebot an Restaurants. Wer auf einer anderen Hallig Urlaub macht, begibt sich in eine in mancher Hinsicht bescheidene Umgebung. Aber wer sich faszinieren lassen kann von der Unmittelbarkeit der Natur, von Ebbe und Flut, von Sonnenauf- und Sonnenuntergängen, von Wolkengemälden und Nächten ohne Straßenbeleuchtung, in denen man nur die Leuchtturmfeuer der Inseln ringsherum blinken sieht, und dafür womöglich einen Mond, der sich im Meer spiegelt, der wird sich hier keine Minute langweilen.

Die Halligbewohner sind besonders gastfreundlich. Viele nehmen sich gern Zeit für ein Schwätzchen mit ihren Gästen, von denen viele seit Jahren immer wiederkommen. Die Zahl der Urlauber ist, außer auf ganz vom Tagesausflugsgeschäft bestimmten Hooge, überschaubar. Und so wird jeder als Individuum wahrgenommen. Weniger gern gesehen sind allerdings Ausflügler, die eine Hallig als Freilichtmuseum ansehen, über Wiesen und Weiden stapfen, ungebeten Türen öffnen und unverhofft in Wohn- oder gar Schlafzimmer treten auf der Suche nach den in jedem Haus vermuteten Alkoven. Auch traditionsbewußte Halliger verfügen längst über den Komfort, der überall sonst Standard ist, und reagieren verständlicherweise empfindlich, wenn man die besonderen geographischen Bedingungen ihres Zuhauses mit Hinterwäldlertum verwechselt.

Das Halligleben ist persönlich und im wahrsten Sinne des Wortes überschaubar. Auf den größeren Halligen hat jeder auf dem Fensterbrett seinen *Kieker,* sein Fernglas stehen, mit dem man dräuendes Unwetter ebenso beobachten kann, wie nahende Besucher und Familienangehörige. Den Tag begleitet das Kreischen der Möwen und das Blöken der Rinder, von denen viele als sogenanntes Pensionsvieh von Pellworm und dem Festland für die Sommermonate auf die Halligen gebracht werden. In dieser Zeit bilden auch die zum Teil sehr gepflegten und bunten Bauerngärten auf den Warften einen wirkungsvollen Kontrast zu den Wiesen und Weiden. Wer im Herbst, Winter oder Frühjahr auf die Halligen fährt, muß damit rechnen, daß Land unter die Rückreise zum geplanten Termin unmöglich machen, denn die WDR kann natürlich nicht an einer Warft anlegen. Die Halligleute versorgen sich im Herbst so gut mit Vorräten, daß sie notfalls auch viele Wochen ohne Nachschub auskommen könnnen, falls Eis, Sturm oder Land unter Schiffsverkehr nicht erlauben sollten.

GRÖDE

Gröde wird vor allem bei Bundestagswahlen erwähnt, weil in der kleinsten Gemeinde die Stimmen am schnellsten ausgezählt sind.

Seit knapp einhundert Jahren sind Gröde und Appelland mit rund 270 Hektar zur drittgrößten Hallig verbunden. Auf den beiden dicht beieinander stehenden Warften leben 16 Menschen. Sechs Familien wohnen in den vier reetgedeckten Häusern auf der Knudtswarft. Auf dem einzigen Haus der Kirchwarft sind Kirche, Schule und Lehrerwohnung untergebracht. Zur Zeit gibt es zwei Schüler.

Auf den jährlich etwa vierzig- bis fünfzigmal überfluteten Weiden unterhalb der Warften grasen Schafe; im Sommer kommt Pensionsvieh dazu. Auf Gröde wird noch heute Allmendewirtschaft betrieben, ein Teil des Landes gemeinschaftlich bewirtschaftet. Das erkennt man daran, daß es keine Zäune gibt. Nach den jeweiligen Besitzverhältnissen wird festgelegt, wieviel Vieh jeder Bauer weiden lassen darf.

Im Frühjahr rasten hier etwa 10000 bis 15000 Ringelgänse, deren Population sich u. a. seit der Schließung russischer Strafgefangenenlager in Sibirien erfreulich erholt hat. Inzwischen weiß man, daß nicht nur, wie lange vermutet, der Mangel an Seegras die Gänse dezimierte, sondern auch die hungrigen Gefangenen in Sibirien, die sich in großem Stil von Ringelgänsen ernährten.

Auf dem knapp 1000 m langen Weg von der Anlegestelle zu den Häusern kann man die typische Halligvegetation bewundern, besonders im Juli und August, wenn der blühende Halligflieder die Salzwiesen lila färbt. Auch auf Gröde brüten zahlreiche Vogelarten direkt auf dem Boden. Deshalb sollte man auf jeden Fall nur auf den Wegen gehen, übrigens auch, weil nur die Wege öffentlich sind.

Normalerweise wird Gröde jeden Tag vom Postschiffer angelaufen, der von Schlüttsiel aus die Post nach Oland und Langeneß bringt. Er transportiert auch die beim Kaufmann auf dem Festland bestellten Lebensmittel.

Die Gröder können mit dem Postschiff zum Festland fahren, und alle 14 Tage, wenn morgens und abends Hochwasser ist und die Hallig deshalb zweimal angesteuert werden kann, können sie mit einem auf Oland beheimateten Schiff eine Besorgungstour auf dem Festland machen.

In der Sommerzeit kommen Ausflugsboote von Nordstrand, Schlüttsiel, Föhr, Amrum, Sylt und Hooge. An *Monikas Kiosk* kann man sich mit Erfrischungen versorgen. Und für Urlauber gibt es zehn Gästebetten. (F4)

BESICHTIGUNG

Kirche

Die kleine Kirche mit einem Reetdach wurde 1779 erbaut, nachdem bereits sechs Kirchen durch Sturmfluten und Landverluste verlorengegangen waren. Auch diese hat es schwer: 1825 drückte eine Sturmflut die Westmauer ein, und nach der Sturmflut 1976 mußten Gestühl und Fußboden erneuert werden. Altar, Kanzel und Taufe stammen aus dem 16. Jh. Die Gläubigen auf Gröde und Oland werden von dem Pastor auf Hallig Langeneß betreut.

AUSKUNFT

Claudia Mommsen, 25869 Gröde, Tel. 0 46 74/3 02

HOOGE

Hooge ist die zweitgrößte und am dichtesten besiedelte Hallig. Auf knapp 600 Hektar und neun Warften leben rund 135 Menschen. Im Sommer allerdings wohnen hier auch bis zu 400 Ur-

Der berühmte Königs-Pesel auf Hallig Hooge

lauber. Und Tag für Tag bringen Ausflugsboote so viele Tagesgäste, daß von der Ruhe und Beschaulichkeit des Halliglebens in der Nähe des Fähranlegers nichts mehr zu spüren ist.

Wie in einer riesigen Prozession bewegen sich bis zu 3000 Tagestouristen zu Fuß, per Fahrrad oder Pferdekutsche vom Schiffsanleger zur Hanswarft, die zahlreiche Restaurants und Cafés beherbergt. Ausflugsboote kommen von Schlüttsiel und allen Nordfriesischen Inseln. Außerdem steuert die WDR auf ihrer Route Schlüttsiel/Amrum Hooge an. Wer aufgebrochen war, um das Charakteristische einer Hallig kennenzulernen, blickt fassungslos auf die als Cowboys verkleideten oft ortsfremden Kutscher. Etliche Restaurants besitzen Kutschen, und es ist zu hören, daß Fahrgäste gedrängt werden, das entsprechende Gasthaus aufzusuchen. Der Qualität von Speisen, Service und sanitären Anlagen ist vielerorts anzumerken, daß es darum geht, in möglichst kurzer Zeit möglichst viele Gäste satt zu machen. Daß dieser Vorsatz von nicht wenigen Leuten in seiner doppelten Bedeutung verstanden wird, stört offenbar nicht, denn diese Tagesgäste, oft von weit her, kommen ohnehin nicht wieder.

Allerdings gibt es auch Bestrebungen zum Besseren. Die Kirchengemeinde beispielsweise hat beschlossen, die Kirchwarft mit

Kirche und Friedhof montags für Besucher zu schließen, um damit eine leichte Beruhigung zu bewirken. Hooge, von auffallend breiten Prielen durchzogen, hat es in den letzten Jahrzehnten im Kampf gegen die Nordsee etwas leichter gehabt als die anderen Halligen, denn seit 1914 wird es von einem Sommerdeich geschützt. Mit Land unter müssen die Hooger nur fünf- bis zehnmal jährlich rechnen. (C/D 5/6)

BESICHTIGUNGEN

Kirche

★ 1637 wurde die Hooger Kirche mit Material der 1634 zerstörten Kirchen von Alt-Nordstrand erbaut. Der Saalbau aus Backstein wurde auch mit Gegenständen aus untergegangenen Kirchen ausgestattet. Sehenswert sind das aus Holz geschnitzte Taufbecken von 1624, das von hölzernen Abbildern der vier Evangelisten getragen wird, und die Kanzel mit der 1743 geschnitzten Tür, die die Bedeutung des Walfangs dokumentiert, außerdem die Taufschale. Zwischen dem schönen Gestühl von 1624, das ebenso wie die Taufe aus der Gemeinde Osterwohld stammt, die durch die Flut 1634 zerstört wurde, ist die Erde mit Sand und Muscheln bedeckt, durch die das Wasser nach einer Überflutung versickern kann. *Di–So 9–21 Uhr, Kirchwarft*

Königs-Pesel

★ Im Sommer nach der Sturmflut 1825 machte sich der dänische König Friedrich VI. auf, um sich ein Bild über die Schäden und Reparaturarbeiten auf Inseln und Halligen zu machen. Weil ein Sturm dräute, mußte er auf Hooge übernachten. Der Pesel der Witwe Stienke Hansen wurde für eine Nacht sein Schlafgemach und ist seither eine Sehenswürdigkeit, allerdings nicht nur wegen des königlichen Alkovens. Die Platten des Bileggerofens stammen aus dem Jahre 1669. Und auch das übrige Mobiliar sowie die besonders schönen holländischen Fliesen sind ein beeindruckendes Beispiel der Wohnkultur eines reichen Kapitäns aus dem 18. Jh. *Ostern–Okt. tgl. nach Ankunft der Schiffe Führungen, Nov.–März nur nach Anmeldung, Hanswarft, Tel. 0 48 49/2 19, Eintritt 3 Mark, Kinder 1,50 Mark*

MUSEUM

Heimat- und Halligmuseum

Zur umfangreichen und sehenswerten Privatsammlung gehört auch eine Wohnstube mit Alkoven aus einem alten Hooger Haus. *15. März–Okt. Di–So 10 bis 17 Uhr, Hanswarft, Eintritt 3 Mark, Kinder 1,50 Mark*

RESTAURANT

Museums Kroog

Mit Antiquitäten behaglich eingerichtete Gaststube in der auch sonst eine angenehme Atmosphäre herrscht. Spezialitäten: Mehlbüttel, Fisch und Lamm. *Ostern–Okt. Di–So 10–22 Uhr, Nov.–Ostern nur auf tel. Anfrage, Hanswarft, Tel. 0 48 49/2 27 und 2 14, Kategorie 3*

EINKAUFEN

Hallig-Galerie

Keramik, Bilder und Bernstein in einem ungefähr 300 Jahre alten, schönen Friesenhaus. *Tgl. 11 bis 17 Uhr, Hanswarft*

HOTEL

Frerk's Buernhus
Freundliche Hotel-Pension in ruhiger Lage. 13 Zi. *März–Mitte Nov. Lorenzwarft, 25859 Hooge, Tel. 0 48 49/2 54, Fax 2 54, Kategorie 1*

AUSKUNFT

Gemeindebüro
Allgemeine Information, Zimmervermittlung. *Mo–Fr 10–11 und 15–17 Uhr, Hanswarft, 25859 Hooge, Tel. 0 48 49/2 55, Fax 2 01*

LANGENESS

Die Entfernung zwischen der ersten und der letzten Warft entspricht fast der Länge der größten Hallig, nämlich ungefähr 9 km. Und wer da frohgemut mit Rückenwind vom Anleger bei der Rixwarft in Richtung Osten radelt, kann dann auf dem Rückweg allergrößte Mühe haben, zur Abfahrtszeit rechtzeitig anzukommen, denn hier hat der Wind völlig freie Bahn.

Auf Langeneß sieht man, wie dicht Inseln und Halligen im Wattenmeer beieinanderliegen. Im Süden liegt Hooge und im Norden Föhr zum Greifen nahe. Der Turm der Alten Kirche auf Pellworm ist meist ebenso gut zu erkennen wie Amrum, Oland und die Festlandsküste.

Langeneß ist nur 1 bis 2 km breit und hat eine Fläche von 985 Hektar. Zu Fuß kommt man auf der langen Hallig nicht weit. Eine Alternative bieten die beiden Ausflugstouren. Die offenen Wagen werden mit Traktoren zur Kirche, zum Museum und zur Friesenstube gefahren. Manchmal werden auch nur zwei Ziele angesteuert. Wenn Sie etwas Bestimmtes sehen wollen, sollten Sie sich also vorher nach der Route erkundigen.

Auf den 18 Warften leben gut 110 Menschen. Die Schule neben der Kirche wird von 10 Kindern besucht. Rund 100 Urlauber können auf Langeneß Unterkunft finden, hauptsächlich in kleinen Ferienwohnungen. Es gibt etliche mit Duschen ausgestattete Badestellen, an denen Stufen ins Wasser oder, bei Ebbe, ins Watt führen.

Auf manchen Landkarten ist noch die Bezeichnung Nordmarsch-Langeneß zu finden. Nordmarsch war bis 1941 eine selbständige Gemeinde und bis zu Anfang des letzten Jahrhunderts ebenso eine Hallig wie Butwehl. Nordmarsch, Butwehl und Langeneß wuchsen jedoch durch Schlickablagerungen und schließlich durch Landgewinnungsmaßnahmen zusammen. Die einst breiten Priele Ley, Oster- und Westerwehl, die die Halligen trennten, sind nun schmal und überbrückt. Auf der Kirchhofswarft wurde die letzte Nordmarscher Kirche 1825 von der Sturmflut zerstört. Der Friedhof aber blieb erhalten.

Langeneß wird von der WDR auf ihrer Route Schlüttsiel/Amrum angesteuert, außerdem von Ausflugsbooten von Schlüttsiel und den Inseln. (D/E 4)

BESICHTIGUNG

Kirche
Erst 1725 bekamen die Langeneßer eine eigene Kirche. 1894

wurde auf den alten Grundmauern neu gebaut und erweitert. Der Vorbau wurde von der Sturmflut 1962 zerstört und mußte erneuert werden. Auch hier ist das Inventar größtenteils älter als die Kirche selbst. Sehenswert sind die bunten Deckenmalereien (18. Jh.), der Flügelaltar von 1670, die Kanzel von 1696 und die beiden Taufen aus Muschelkalk (13. Jh.) und Rotsandstein (16. Jh.). *Tgl. 8–18 Uhr, Kirchwarft*

MUSEEN

Friesenstube

Möbel, Geschirr und Bilder der Familie Johannsen aus mehreren Jahrhunderten werden in der Stube des Hauses aus dem Jahre 1875 präsentiert. *Tgl. 10.30–11.30 Uhr und nach Vereinbarung, Honkenswarft, Tel. 0 46 84/2 60 oder 2 35, Eintritt 2 Mark, Kinder 1 Mark*

Kapitän Tadsen Museum

★ Nach der Sturmflut 1825 wurde das Haus von 1741 auf der schönsten Warft der Hallig neu erbaut. Das komplett als Museum restaurierte und mit Gegenständen aus dem 18. Jh. ausgestattete Haus zeigt, wie auf den Halligen jahrhundertelang gelebt und gewirtschaftet wurde. Der typische *Bilegger*, der Beilegerofen, wurde von der Küche aus befeuert, um die *Döns*, die Wohnstube frei von Ruß und Asche zu halten. In der Küche ist ein *Grasterloch* erhalten: Direkt vor dem Backofen konnte mittels eines Holzbrettes eine Vertiefung offengelegt werden, in die sich die Hausfrau setzte, um es beim Brotbacken bequemer zu haben. *Ostern–Okt. Mo–Sa 10.30, 13.30 und 15.30 Uhr oder nach Vereinbarung (Öffnungszeiten = Führungszeiten), Ketelswarft, Tel. 0 46 84/2 17, Eintritt 3 Mark, Kinder 1 Mark*

RESTAURANT

Gasthof Hilligenley

Im einzigen Gasthaus kann man alle Mahlzeiten zu sich nehmen und auch übernachten (10 Zi., einige mit Dusche und WC). *15. März – 15. Nov. tgl. 10–22 Uhr, sonst nach Vereinbarung, Hilligenley, Tel. 0 46 84/2 23, Kategorie 3*

EINKAUFEN

Halligkaufmann Petersen

Wenn Kaufmann Petersen zweimal wöchentlich frisches Fleisch und Brot geliefert bekommen hat, ist der rumpelige Laden voller Kunden. Wer sich selbst verpflegen will, tut gut daran, für ihn unverzichtbare Dinge mitzubringen oder im voraus zu bestellen, denn selbst Butter, Toast oder bestimmte Zigaretten sind nicht immer vorrätig. *Hunnenswarft, Tel. 0 46 84/2 21*

AUSKUNFT

Fremdenverkehrsbüro Langeneß/Oland

Allgemeine Information und Zimmervermittlung. *Mo–Fr 9-12 und 14-15.30 Uhr, 25863 Langeneß, Ketelswarft, Tel. 0 46 84/2 17, Fax 2 89*

OLAND

★ Die einzige Warft auf Oland wirkt fast wie ein kleines Dorf. In 13 Haushalten leben 25 Menschen, sieben Hunde und zwei Katzen. Und auch etwa 40 Urlauber finden hier Quartier, überwiegend in Ferienwohnungen. Oland ist die schönste Hallig. Um den Fething im Zentrum der Warft stehen die zum großen Teil reetgedeckten Häuser dicht beieinander, lassen aber genug Platz für Bäume und üppig blühende Gärten. In einem ist noch ein alter Soodschwengel zu sehen, mit dem das Trinkwasser aus dem Sood geschöpft wurde. Festlandsnähe und Warfthöhe bieten soviel Schutz, daß Blumen, Büsche und Bäume hier besser gedeihen als auf anderen Halligen.

Die Schule ist 1993 geschlossen worden, weil die einzige Schülerin ihre Schulpflicht absolviert hatte. Erst 1997 wird voraussichtlich wieder eine Lehrkraft gebraucht. Auch auf Oland hat sich in den letzten Jahrzehnten die Bewohnerzahl fast halbiert. Viele junge Leute blieben nach ihrer Berufsausbildung auf dem Festland.

Die rund 120 Hektar große und autofreie Hallig hat ein kurioses und inoffizielles Verkehrsmittel: Im Norden ist Oland mit Langeneß (2,5 km) und im Osten mit dem Festland bei Dagebüll (gut 5 km) durch einen Schienendamm verbunden, auf dem kleine Motorloren verkehren können. Das Amt für Land- und Wasserwirtschaft duldet die privaten Loren, mit denen die Vermieter auch ihre Gäste abholen. Ausflügler werden allerdings nicht mitgenommen. Sie können per Ausflugsschiff von Schlüttsiel oder den Inseln kommen oder zu Fuß über den Damm von Langeneß. Von Dagebüll aus ist der Damm, der bei Flut auch überspült werden kann, nicht zu begehen. Legendär ist Käpitän Magda Matthiessen, die den Damm jahrzehntelang mit ihrer Segellore befuhr, die allerdings bei Gegenwind kräftezehrend geschoben werden mußte. (F 3)

BESICHTIGUNG

Kirche

In der reetgedeckten kleinen Kirche von 1824 fällt die aus Eiche geschnitzte und buntbemalte Kanzel von 1620 auf, die seit 1992 wieder die überlieferte Einheit mit dem Altar bildet. Zwischen geistlichen Motiven sind Hermenpilaster zu finden, barbusige barocke Schönheiten, die an Gallionsfiguren erinnern. Sehenswert sind außerdem die romanische Taufe und das Kruzifix (beide um 1200), aus Eiche geschnitzte Apostelfiguren (15. Jh.), der Pastorenstuhl und drei Grabsteine aus dem 16. und 17. Jh. Wie in jeder der Halligkirchen findet man auch hier ein Votivschiff, das die Gemeinde bei ihren Fürbitten für die Seefahrer vor Augen hatte.

RESTAURANT

Kiek In

Im einzigen Restaurant sitz man bei gutem Wetter draußen mit einem schönen Blick auf den kleinen Bootshafen und das Wattenmeer. *April–Okt. tgl. 10–21 Uhr*

AUSKUNFT

Fremdenverkehrsbüro Langeneß/Oland

Allgemeine Information und Zimmervermittlung. *Mo–Fr 9–12 und 14–15.30 Uhr, 25863 Langeneß, Ketelswarft, Tel. 0 46 84/2 17, Fax 2 89*

Von Badestrände bis Straßennamen

Hier finden Sie kurzgefaßt wichtige Informationen für Ihre Reise auf die Nordfriesischen Inseln und Halligen

AUSKUNFT

Nordseebäderverband Schleswig-Holstein
Allgemeine Informationen über die Nordfriesischen Inseln und Halligen. *Mo–Do 8–12.30 und 13–17 Uhr, Fr 8–12.30 Uhr, Parkstraße 7, 25813 Husum, Tel 0 48 41/ 8 97 50, Fax 48 43*

BADESTRÄNDE

Es soll immer wieder enttäuschte Gäste geben, die sich fest darauf verlassen hatten, überall an der Nordsee auf Dünen und Sandstrand zu treffen. Dünen und Sandstrand gibt es auf Amrum und Sylt, Sandstrand auf Föhr und Helgoland. Auf Nordstrand und Pellworm gibt es lediglich Badestellen am grasbewachsenen Deich, allerdings mit Duschen und Strandkörben. Auf den Halligen gelangt man über Badetreppen von der niedrigen Steinkante ins Watt oder Wasser; bei Ebbe ist das Baden nicht möglich.

BANKEN

Auf den Inseln sind die Banken zu den üblichen Zeiten geöffnet. Die kleinen Zahlstellen auf den Halligen haben stark verkürzte Öffnungszeiten.

FÄHRVERBINDUNGEN

Die Wyker Dampfschiffs-Reederei, kurz WDR genannt, betreibt folgende Fährliniendienste: Dagebüll–Föhr (Wyk)–Amrum (Wittdün) und Schlüttsiel–Hooge–Langeneß–Amrum (Wittdün).

Fahrzeiten: Dagebüll-Föhr: ca. 45 Minuten, Föhr-Amrum ca. 1 Std., Dagebüll-Amrum ca. 2 Std., Schlüttsiel–Hooge ca. 1¼ Std., Hooge–Langeneß ca. 30 Minuten, Langeneß–Amrum ca. 45 Minuten. Von Dagebüll nach Föhr und Amrum gibt es im Sommer bis zu 11 Abfahrten täglich, von Schlüttsiel nach Amrum täglich zwei. Eine Hin- und Rückfahrt Dagebüll–Föhr kostet pro Person 17 Mark, nach Amrum 25,60 Mark. Für einen Pkw der niedrigsten Gewichtsklasse kostet die Beförderung hin und zurück nach Föhr 87,50 Mark und nach Amrum 97,20 Mark. Wenn Sie eine Rundreise machen möchten oder einen Zwischenstopp, wird es billiger, wenn

Sie das gleich vor Reiseantritt so buchen.

Wyker Dampfschiffs-Reederei, 25933 Wyk auf Föhr, Tel. 0 46 81/8 00, Fahrzeug-Anmeldung Tel. 80 40, Fax 80 16, Geschäftsstelle Wittdün (Amrum) Tel. 0 46 82/8 25, Fax 18 21, Geschäftsstelle Dagebüll Tel. 0 46 67/3 11, Fax 8 95

Die Neue Pellwormer Dampfschiffahrts-GmbH betreibt den Liniendienst zwischen dem Hafen Strucklahnungshörn auf Nordstrand und Pellworm, im Sommer mit jeweils 5 bis 7 Abfahrten täglich. Die Überfahrt dauert ca. 35 Minuten und kostet für Hin- und Rückfahrt pro Person 15 Mark, ein Pkw in der niedrigsten Gewichtsklasse wird für 80 Mark hin und zurück befördert. Der Personenfahrpreis schließt den Bustransfer auf Pellworm zum Kurzentrum und Hafen hin und zurück ein.

Neue Pellwormer Dampfschiffahrts-GmbH, Am Hafen, 25849 Pellworm, Tel. 0 48 44/7 53 und 7 55 (Mo-Fr 9–12 und 13.30–17 Uhr) oder 4 88 (Anrufbeantworter mit Gesprächsaufzeichnung, Fax 3 54).

Pkw-Plätze auf den Fährschiffen sind im Sommer oft ausgebucht. Sie sollten in jedem Fall rechtzeitig Plätze für Hin- und Rückfahrt reservieren lassen.

Bei schwerem Sturm, Nebel und vereistem Wattenmeer können die Fähren nicht verkehren. Und neuerdings bleiben sie bei stärkerem Ostwind und Niedrigwasser gelegentlich im Wattenmeer stecken, bis auflaufendes Wasser sie wieder flott macht.

FLUGVERBINDUNGEN

Föhr hat einen kleinen Flugplatz. Hier können Sie zu einem Rundflug starten, aber auch zu einem Charterflug nach Sylt oder Hamburg. Ein 15-Minuten-Rundflug kostet ca. 50 Mark pro Person.

Westküstenflug Lange, Flugplatz, Tel. 0 46 81/81 39, Fax 26 70

HUNDE

Hunde können nach Absprache in etliche Hotels, Pensionen und Ferienwohnungen mitgenommen werden. Auf den größeren Inseln gibt es für Hunde zugelassene Strandabschnitte.

LENK- UND SPORTDRACHEN

Auf Föhr ist es aufgrund vieler Beschwerden verboten worden, die hübschen, aber lauten und bisweilen gefährlichen Drachen im Sommer steigen zu lassen.

LOTTO/TOTO

Bitte daran denken, daß auf den Inseln Annahmeschluß Donnerstag 18 Uhr ist. Auf den Halligen gibt es keine Annahmestellen.

ÖFFNUNGSZEITEN

In vielen Restaurants sind Essens- und Öffnungszeiten nicht identisch. Rechnen Sie damit, daß die Küche schon ein oder zwei Stunden früher schließen kann. Über Weihnachten und Neujahr öffnen etliche Restaurants, die sonst im Winter geschlossen sind.

Viele Lebensmittelgeschäfte haben in der Hochsaison auch am Samstagnachmittag und am Sonntag geöffnet. Wenn Sie am Wochenende auf Föhr oder Amrum anreisen, können Sie also trotzdem alles für Selbstversorger Notwendige bekommen.

PAUSCHALANGEBOTE

Außerhalb der Saison gibt es günstige Pauschalangebote auf Föhr und Nordstrand. Dort und auf Hooge können Sie eine Ferienwoche außerdem mit bestimmten Gruppenaktivitäten verbinden, mit radwandern, wandern oder malen. *Auskunft bei den Kurverwaltungen.*

POST

Die Hauptpostämter auf Amrum, Föhr, Nordstrand und Pellworm haben folgende Öffnungszeiten: *Mo-Fr 9–12 und 15–17 Uhr, Sa 9.15–12 Uhr.* Die Hallig- und Dorfpostämter haben stark verkürzte Öffnungszeiten.

STRASSENNAMEN

In vielen Dörfern gibt es keine Straßennamen oder sie sind selbst den Einheimischen nicht vertraut. In solchen Fällen haben auch wir auf sie verzichtet. Auf Sehenswürdigkeiten, öffentliche Einrichtungen, Restaurants wird durch Schilder hingewiesen.

WETTER AUF AMRUM

Die monatlichen Durchschnittswerte im Überblick

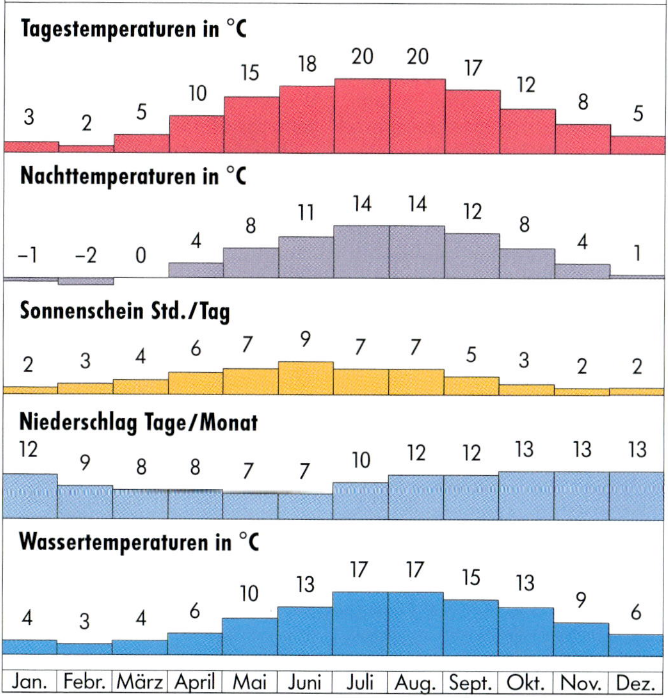

Bloß nicht!

Wenn Sie den Blanken Hans nicht unterschätzen, kann Ihnen hier kaum mehr als ein Mißgeschick widerfahren

Freche Emmas
Möwen, die sich auf Happen aus Touristenhand spezialisiert haben, kennen keine Zurückhaltung. Wenn Sie ihnen ein Bröckchen hingeworfen haben, müssen Sie damit rechnen, daß die frechen Emmas Sie gleich zu mehreren mit heftigem Geschrei dicht umkreisen. Besonders für Kinder kann das sehr erschrekkend sein.

Fahrradfahrende Individualisten
Der sogenannte sanfte Tourismus entlockt den Insulanern immer mal wieder recht unsanfte Schimpfkanonaden. Besonders Gruppen verärgern, die nebeneinander radelnd dem Gefühl Ausdruck verleihen, sie allein seien rechtmäßige Straßenbenutzer.

Hunde
Leinenzwang ist keine Schikane. Überall auf den Inseln und Halligen müssen die Vögel, vor allem in der Brutzeit, geschützt werden, und ganze Schafherden geraten leicht in Panik, wenn sich ihnen ein Hund nähert.

Unfreiwillige Naturerfahrung
Spontanreisende sollten bedenken, daß es in der Hauptsaison oft kein einziges freies Bett mehr auf den Inseln gibt. Wer die letzte Fähre zurück zum Festland verpaßt, muß dann im Freien oder im Auto kampieren. Das ist selbst in lauen Sommernächten nicht jedermanns Sache.

Wattwanderungen
Ganz harmlos wirkt das Watt bei Ebbe und hat deshalb schon manchen Binnenländer, aber auch erfahrene Einheimische das Leben gekostet. Zum einen ist das Watt von Prielen durchzogen, also von starken und teilweise sehr tiefen Wasserströmen. Zum anderen läuft das Flutwasser so rasch auf und bildet zusätzliche Priele, die ebenfalls eine starke Strömung haben können, daß unvorsichtige Wattläufer vom Strand abgeschnitten werden können. Wegen der Strömung sollten Sie auch niemals in einem Priel baden. Auch am Ufer kann bei ablaufendem Wasser an einigen Stellen ein starker Sog entstehen. Bevor Sie ins Watt hinausgehen, müssen Sie unbedingt wissen, wann das Wasser wieder aufläuft und eine Uhr bei sich haben. Gehen Sie nur bei ablaufendem, nie bei auflaufendem Wasser hinaus und niemals in der Dämmerung oder bei drohendem Gewitter oder Nebel! Informieren Sie andere, die notfalls Hilfe organisieren können, wenn Sie den Strand verlassen.

Im Register sind alle in diesem Führer erwähnten Orte, Sehenswürdigkeiten, Hotels und Museen verzeichnet. Abkürzungen: A = Amrum; F = Föhr; N = Nordstrand; P = Pellworm; H = Helgoland

Orte und Sehenswürdigkeiten

Hotels

Museen

Was bekomme ich für mein Geld?

Urlaub auf den Nordseeinseln kann reichlich teuer und ziemlich günstig sein.

Am meisten schlagen natürlich Fahrtkosten und Unterkunft zu Buche. Zwei Erwachsene mit zwei Kindern und einem Mittelklasseauto müssen für die Fähre nach Amrum oder Föhr hin und zurück rund 180 bis 220 Mark rechnen. Eine Ferienwohnung für 4 Personen bekommt man in der Hauptsaison auf Amrum ab 120 Mark, auf Föhr ab 100 Mark pro Tag. Auf Nordstrand, Pellworm und den Halligen kann man schon mit 70 Mark pro Tag für eine Wohnung auskommen. Von Oktober bis Mai sind Ferienwohnungen und -häuser allerdings bis zu 50 Prozent preiswerter.

Auf allen Inseln und Halligen wird Kurtaxe erhoben, auch Kurabgabe genannt. Sie schwankt zwischen 4,50 Mark (Wyk auf Föhr) und 1,20 Mark (Hooge) pro Tag. Und für einen Strandkorb zahlt man um 10 Mark für einen Tag. Ein Fahrrad ist für 5 bis 7 Mark pro Tag zu mieten. Wenn man Strandkorb und Fahrrad für mehrere Tage oder gar Wochen mietet, wird's billiger.

Preise und Standard unterscheiden sich vor allem bei Unterkunft und Restaurants. Auf Amrum ist alles etwas teurer, ohne immer auch gleich besser zu sein, vermutlich weil im Gegensatz zu Föhr die Konkurrenz nicht besonders groß ist. Am günstigsten wohnt und ißt man auf der Insel Pellworm. Allerdings ist hier im Schnitt der Standard auch etwas niedriger.

Auf allen Inseln und Halligen bekommt man Hauptgerichte für weniger als 20 Mark. Die Portionen entsprechen fast überall dem durch die Nordseeluft gesteigerten Appetit. Eine Tasse Kaffee kostet zwischen 2,50 und 3 Mark. Aber wer ein Glas einfachen offenen Wein zum Essen trinken möchte, muß trotz geringer Auswahl dafür mancherorts mehr als 7 Mark berappen. Ein Preisvergleich lohnt sich vielerorts.

Lebensmittel sind durch die Frachtkosten vom Festland zum Teil etwas teurer, und mit Ausnahme von Föhr ist die Auswahl nicht sonderlich groß.

Auf Helgoland sind Hotelzimmer deutlich teurer. Dafür können Sie dort aber zollfrei einkaufen.

Wer sich auf bequeme Art der Hallig Südfall nähern möchte, dem sei eine Wattenfahrt mit Pferd und Wagen ab Nordstrand empfohlen